AF501761

3.00

INSTRUCTION PRATIQUE
DES
VÉLOCIPÉDISTES MILITAIRES

Par HOUSSEMENT

Lieutenant instructeur à l'Ecole normale militaire de Gymnastique et d'Escrime

NOMBREUSES GRAVURES DANS LE TEXTE

Volume in-18........................... 2 »

L'ouvrage que nous recommandons au public vélocipédiste est le résultat de nombreuses expériences faites par son auteur à l'Ecole normale militaire de gymnastique de Joinville-le-Pont.

Ainsi qu'on pourra s'en rendre compte par la lecture du sommaire reproduit ci-contre, il répond complètement à la partie technique du programme imposé aux candidats.

Chapitre Ier. — Considérations générales sur la vélocipédie militaire en campagne et aux manœuvres.

Chapitre II. — Méthode pratique pour apprendre seul et sûrement à monter en bicyclette. — Mouvements d'ensemble destinés à donner aux vélocipédistes l'habileté désirable pour évoluer sur les routes difficiles et encombrées.

Chapitre III. — Tir de la carabine et du revolver.

Chapitre IV. — Marches. — Conseils pour se diriger suivant l'état des routes, leur plus ou moins de pente, leur nature, leur état d'entretien, etc.

Chapitre V. — Lecture des cartes, explications des signes topographiques employés dans la carte d'état-major.

Chapitre VI. — Eléments des couleurs et signes distinctifs.

Chapitre VII. — Nomenclature, ajustage, démontage et remontage, entretien de la machine.

Au texte sont jointes des vues photographiques et des figures qui en facilitent la compréhension et en rendent l'étude attrayante.

Ajoutons que ce petit livre, édité avec un soin tout spécial, est appelé à rendre les plus grands services non seulement aux vélocipédistes militaires ou à ceux qui se destinent à ce service, mais encore aux amateurs de sport.

(Voir à la fin du volume les ouvrages nécessaires aux vélocipédistes militaires).

TRAITÉ PRATIQUE

DE

VÉLOCIPÉDIE MILITAIRE

TRAITÉ PRATIQUE

DE

VÉLOCIPÉDIE MILITAIRE

D'APRÈS LE RÈGLEMENT PROVISOIRE
DU 2 AVRIL 1892 SUR L'ORGANISATION ET L'EMPLOI DU SERVICE
VÉLOCIPÉDIQUE DANS L'ARMÉE

PAR

L.-B. FANOR

Rédacteur spécial au *Gaulois* et à la *France militaire*.

AVEC UNE PRÉFACE DE

BAUDRY DE SAUNIER

Auteur de l'*Histoire générale de la Vélocipédie* et du *Cyclisme théorique et pratique*

PARIS
11, Place Saint-André-des-Arts.

LIMOGES
46, Nouvelle route d'Aixe, 46.

IMPRIMERIE ET LIBRAIRIE MILITAIRES

HENRI CHARLES-LAVAUZELLE

Éditeur

1892

PRÉFACE

Les grelots, les sonnettes, les timbres et les cornes, tout ce qui tinte et crie sur une bicyclette s'est mis en branle à l'apparition du décret d'organisation de la vélocipédie dans l'armée ! C'est un fait connu des oreilles publiques qu'un vélocipédiste n'a que deux instruments de musique pour exprimer ses sentiments, joie ou crainte : le grelot qui est son mode de tirer les cloches et la corne qui est sa manière de jouer de la trompe ! Ces deux instruments-là n'ont cessé de chanter toute la semaine dernière.

C'est que l'entrée officielle de la reine bicyclette dans la caserne rappelle, — pour peu que l'on soit enclin à l'irrévérence, maladie très à la mode dont je ne peux me défendre d'avoir parfois la fièvre, — rappelle assez l'entrée de nos anciens rois dans la cathédrale de Reims ! L'estampille ministérielle sur la tête de la machine donne la consécration comme le coup de pouce de l'archevêque sur le front du dauphin. Profanes avant, sacrés après !

Ce qu'ont pensé de cette entrée dans la caserne les chevaux attachés dans la cour le long du mur, et que les hommes étrillaient ? J'imagine qu'ils ont eu peur du nickel ensoleillé, comme tout cheval se le doit, et, qu'en tournant la tête, avançant les oreilles et reculant la croupe, ils se sont demandé, sous leur long crâne, ce que venait faire auprès de leur avoine cette nouvelle bête aux deux pattes rondes !

La bicyclette est-elle entrée dans notre armée pour chasser des écuries les chevaux et prendre leur place à l'abreuvoir, elle qui boit tous les 100 kilomètres deux gouttes d'huile ? Il faudrait, pour le supposer, n'avoir monté jamais ni un cheval ni une bicyclette.

La bicyclette me semble être venue à l'armée pour faire la contre-partie sur terre de ce nouveau petit soldat de l'air, le pigeon militaire. Son rôle ne sera guère ni offensif ni défensif au sens brutal du mot; mais légère, muette, rapide, jamais lasse, rasant le sol dans cette direction, puis faisant un crochet et s'élançant sur cet autre point, elle figurera assez bien l'hirondelle noire qui, les jours sans soleil, les jours de combat, file, le ventre presque sur la route; la bicyclette, estafette à la poursuite des nouvelles et des dépêches, comme elle à la chasse des moucherons !

Le rôle de la bicyclette sera donc à l'armée celui d'une *épargneuse* de fatigue pour ces bons gros animaux, les chevaux, qui réserveront leur poitrine pour les coups de baïonnette et les balles; ce sera aussi, et les commandants de corps le reconnaîtront bientôt, une *éclaireuse* de première force; ce sera, en tout cas, en temps de guerre, un rôle d'homme à tous crins que celui du vélocipédiste militaire! Et c'est la supériorité de notre sport admirable de mettre de l'acier dans tout l'être de ses partisans et de leur donner un cœur et des jarrets sans faiblesses !

Mon camarade Fanor, dont l'excellent livre ne vaudra guère plus parce que j'aurai gribouillé en tête quelques lignes, a compris comme moi la noblesse des attributions du soldat cycliste. Lui-même, d'ailleurs, aux dernières grandes manœuvres de l'Est, pédalant sur les routes de chaux en feu de la Champagne pouilleuse, a appris les besoins qu'éprouve et les services que rend ce nouveau conscrit bizarre dont la tête et la poitrine sont de chair, de chair tendre et jeune, et dont les jambes aux pieds sans godillots sont des rayons et des bielles !

La supériorité du cycliste militaire, du cycliste bien entraîné et bien monté, m'apparaît si manifeste, qu'afin d'en convaincre l'armée entière, j'ai fait souvent un rêve, — oh ! un rêve méchant pour les mamans et les petites épouses aux grands yeux qui vont pleurer, je le reconnais ! — j'ai souvent désiré que la guerre fût déclarée ! Tout au loin, sur la route, dans la poussière et sous les balles, j'apercevais un cycliste militaire apportant dans ses bras un drapeau plus haut et plus lourd que lui, dont la hampe traînait à terre et dont les franges dorées se prenaient dans ses roues ! Mais, mesdames, je vous assure, les boulets étaient des bulles de savon ; ils ne tuaient personne et crevaient en l'air, comme mon rêve !

L. Baudry de Saunier.

RÈGLEMENT PROVISOIRE

SUR L'ORGANISATION ET L'EMPLOI

DU SERVICE VÉLOCIPÉDIQUE DANS L'ARMÉE

Le Ministre de la guerre à MM. les Gouverneurs militaires de Paris et de Lyon ; les Généraux commandant les corps d'armée. (*Etat-major de l'armée ; 3e Bureau.*)

Paris, le 2 avril 1892.

Mon cher Général, l'utilisation du vélocipède dans l'armée, adoptée en principe dès 1887, est réglementée par la lettre collective du 8 mai 1889.

Mais l'organisation actuelle consiste uniquement à affecter à chaque corps d'infanterie quatre vélocipédistes réservistes ou territoriaux apportant leur machine et à laisser aux commandants de corps d'armée le soin de régler leur service aux manœuvres et en campagne.

Cette organisation correspondait bien à la période de tâtonnements que vient de traverser la vélocipédie.

En effet, il eût été imprudent d'aller plus loin, soit au point de vue des machines, dont les modèles s'amélioraient chaque jour, soit au point de vue de la répartition des vélocipédistes dont le nombre était encore assez restreint et dont le mode d'emploi le plus avantageux ne pouvait être déterminé que par l'expérience.

Les grandes manœuvres annuelles, les exercices particuliers des corps de troupe ont depuis démontré que les vélocipédistes étaient susceptibles de rendre de précieux services en campagne. Leur utilisation comme plantons dans certaines villes de garnison a été également fort appréciée.

D'un autre côté, un mouvement considérable s'est produit en leur faveur ; de nombreuses sociétés vélocipédiques se sont fondées, préconisant et vulgarisant ce nouveau sport ; l'attention publique, enfin, vivement sollicitée, a été frappée par les résultats obtenus dans des courses auxquelles on cherchait à donner un caractère pratique.

L'usage du vélocipède entre donc de plus en plus dans les mœurs et il est possible de développer l'organisation actuelle et de poser des principes généraux pour l'emploi du service vélocipédique dans l'armée.

Les rapports fournis par les commandants de corps d'armée, en exécution de la lettre collective du 23 septembre 1891, sont d'ailleurs unanimes à cet égard.

J'ai décidé, en conséquence, que les dispositions de la lettre du 8 mai 1889 seraient abrogées et remplacées par celles du règlement provisoire que j'ai l'honneur de vous adresser ci-joint.

L'organisation nouvelle est établie sur des bases assez larges pour permettre d'utiliser les vélocipédistes à diverses missions.

Mais il importe de bien se rendre compte des genres de services qu'on peut retirer de leur utilisation.

Comme moyen de locomotion, le vélocipède présente les avantages les plus précieux. Son prix est relativement peu élevé, son entretien facile.

D'un usage commode et à la portée de tous, il n'a d'autres limites, comme fond et vitesse, que les forces mêmes de son cavalier ; la nuit, son allure est encore très rapide ; enfin son peu de hauteur et le silence de sa marche sont également des qualités appréciables.

Mais, par contre, il a le grand défaut d'être lié aux routes d'une manière presque absolue.

Si la route est bonne, libre et peu accidentée, le vélocipédiste dispose de tous ses moyens de supériorité; si la route est encombrée, défoncée ou seulement détrempée, sa vitesse sera toujours ralentie et même il arrivera quelquefois qu'il ne pourra se servir de sa machine; enfin, en dehors des routes ou des bons chemins, il sera le plus souvent réduit à l'impuissance, c'est-à-dire que dans ce cas son emploi n'est pas pratique.

Il est donc certain que, dans l'état actuel de la question, le rôle principal des vélocipédistes consiste à transmettre les ordres, comptes rendus ou communications de toute nature.

Leur utilisation comme éclaireurs ou combattants ne doit être tentée qu'à titre d'essai, et il est nécessaire de se tenir en garde contre les exagérations du jour, qui tendraient à faire donner à ce service une importance à laquelle il ne saurait prétendre tout au moins pour le moment.

Les expériences qui pourront être entreprises conformément aux dispositions transitoires insérées dans le règlement permettront seules de fixer des règles plus précises à l'égard des différents modes d'emploi des vélocipédistes.

Signé : C. DE FREYCINET.

Ire PARTIE

BASES DE L'ORGANISATION ET PRINCIPES GÉNÉRAUX

Art. 1er. L'emploi du vélocipède est principalement destiné à faciliter le service d'estafette, c'est-à-dire celui de la transmission des ordres, comptes rendus et communications de toute nature.

Le service vélocipédique est néanmoins organisé sur des bases assez larges pour permettre d'utiliser les vélocipédistes à d'autres missions dans certains cas particuliers.

En campagne et aux manœuvres, les vélocipédistes sont tirés des hommes de la réserve et de l'armée territoriale qui apportent leurs machines.

En temps de paix, l'Etat met à la disposition des corps de troupe un certain nombre de machines.

Art. 2. En garnison, les chefs de corps disposent des machines mises à leur disposition pour faciliter ou réduire le service des plantons et vaguemestres, pour entretenir dans la pratique du vélocipède les hommes ayant l'habitude de ce genre de sport avant leur entrée au service, enfin pour développer chez les officiers le goût de la vélocipédie.

Il en est fait usage dans les exercices en terrain varié et dans les manœuvres de garnison, de manière à familiariser les corps avec ce nouveau moyen de transmission des ordres.

Art. 3. En campagne et aux manœuvres, les divers cas dans lesquels on peut chercher à employer les vélocipédistes se rattachent aux trois situations d'estafettes, d'éclaireurs et de combattants.

a) COMME ESTAFETTES

Art. 4. Pendant le stationnement, toutes les fois qu'on disposera de bonnes routes, les vélocipédistes doivent être employés de préférence aux estafettes et aux plantons pour la transmission des ordres, comptes rendus et communications de toute nature.

Ils peuvent également remplacer les postes de correspondance, ou tout au moins leur venir en aide et permettre de réduire leurs effectifs en hommes montés.

Aux avant-postes, ils rendront encore de grands services, si le terrain est favorable, pour assurer la liaison des différents échelons entre eux et avec le corps principal.

Art. 5. Pendant les marches, ils pourront servir à relier deux colonnes parallèles, les flanc-gardes d'une colonne ou même les éléments de la colonne si la largeur de la route permet leur passage le long des troupes.

Les vélocipédistes des corps de troupe marchent habituellement en tête de leur corps, en poussant leur machine ou en profitant des intervalles laissés entre les éléments pour conserver une certaine liberté d'allure.

Quand les troupes quittent les routes, les vélocipédistes suivent leur corps et marchent à la suite, ou profitent des sentiers qui conduisent dans la même direction, tout en restant à portée de recevoir et de transmettre un ordre.

Les vélocipédistes des états-majors marchent à portée de ces états-majors dans les mêmes conditions.

Art. 6. Pendant le combat, les vélocipédistes pourront souvent servir à relier les états-majors entre eux.

Dans la zone de l'action proprement dite, leur emploi est forcément très restreint. Cette zone n'est pas de leur domaine, puisque les troupes ont quitté les routes et recherchent tous les accidents du terrain.

Sauf des circonstances particulières, dès qu'une troupe prend la formation de combat, les vélocipédistes sont groupés à la réserve, aussi près que possible d'une route, pour servir aux communications avec l'arrière.

b) COMME ÉCLAIREURS

Art. 7. Dans l'état actuel de la vélocipédie, les vélocipédistes sont des éclaireurs imparfaits et insuffisants parce que leur marche est subordonnée à l'état des routes et à leur tracé. Il faut donc considérer comme une exception le cas où ils pourront être employés soit comme éclaireurs, soit comme adjoints à des reconnaissances ou à des patrouilles.

c) COMME COMBATTANTS

Art. 8. Leur vitesse exceptionnelle, la longueur des parcours qu'ils sont susceptibles de fournir, leur moyen de transport qui ne demande que peu de soins et pas de nourriture, sont des avantages qui pourront parfois les rendre aptes au rôle de partisans chargés d'un coup d'audace ou de surprise et à celui de repli ou de soutien de la cavalerie.

Mais, dans l'état actuel de ce mode de locomotion, le vélocipédiste fait corps avec sa machine, qui lui est personnelle, et avec la route à laquelle il est lié d'une façon presque absolue.

Par suite, l'emploi du vélocipédiste comme combattant est très incertain et ne peut être pour le moment soumis à aucune règle.

Service dans les places.

Art. 9. Dans les places fortes et camps retranchés, les conditions du service de la vélocipédie militaire sont sensiblement les mêmes que dans le stationnement des troupes de campagne.

Les gouverneurs pourront, en conséquence, utiliser dans une large mesure, comme estafettes, les vélocipédistes dont ils disposent.

IIe PARTIE

ORGANISATION DU SERVICE VÉLOCIPÉDIQUE DANS L'ARMÉE

CHAPITRE Ier

EFFECTIFS DES VÉLOCIPÉDISTES

Art. 10. Le nombre des vélocipédistes affectés en campagne à chaque corps ou service est indiqué dans le tableau annexé au présent règlement.

Art. 11. Pendant les manœuvres, on cherchera à se rapprocher des chiffres portés sur ledit tableau ; ils devront toujours être considérés comme des maxima. A cet effet, on utilisera les ressources en vélocipédistes fournies par les classes appelées.

En cas d'insuffisance, les généraux commandant les corps d'armée pourront en outre autoriser l'emploi des machines du temps de paix montées par des hommes de l'armée active.

Art. 12. En temps de paix, aucun homme de l'armée active n'a l'affectation de vélocipédiste. Mais des machines fournies par l'Etat sont attribuées aux corps de troupe, savoir :

Deux machines par régiment d'infanterie, d'artillerie ou du génie et bataillon formant corps ;

Une machine par régiment de cavalerie.

Ces machines peuvent être montées par des hommes ayant un an de service et possédant, avant leur arrivée sous les drapeaux, une pratique complète du vélocipède.

Art. 13. Dans le cas où le nombre des vélocipédistes serait supérieur à celui des machines, ces hommes alterneraient entre eux pour faire usage des vélocipèdes.

Le chiffre des hommes ainsi distraits du rang est en conséquence de deux au maximum par corps de troupe, sauf autorisation du commandant du corps d'armée, motivée par des raisons particulières.

Art. 14. Les états-majors et services ne sont dotés d'aucune machine en temps de paix.

Les commandants de corps d'armée déterminent les places de leur région dans lesquelles le service des plantons à pied ou à cheval attribués à des états-majors ou services peut être confié, en tout ou en partie, à des vélocipédistes.

Ce service sera assuré par l'appel successif d'hommes de la réserve ou de l'armée territoriale ayant l'affectation régulière de vélocipédistes et apportant leur machine.

CHAPITRE II

RECRUTEMENT ET AFFECTATION DES VÉLOCIPÉDISTES

Art. 15. Chaque année, avant le 1er juin, les commandants de corps d'armée fixent l'époque d'une épreuve à laquelle sont soumis les candidats à l'emploi de vélocipédiste.

Art. 16. Peuvent prendre part à cette épreuve les hommes de l'armée active dans leur dernière année de service et les hommes de la réserve et de l'armée territoriale.

Les hommes de l'armée active la subissent à leur corps; ceux de la réserve et de l'armée territoriale la subissent dans un corps de leur arme, s'il en existe dans la subdivision de leur résidence, et, à défaut, dans le régiment d'infanterie de cette subdivision.

Les uns et les autres adressent en conséquence une demande écrite au chef du corps devant lequel ils doivent subir l'épreuve, de manière qu'elle lui parvienne au moins quinze jours avant la date fixée par le commandant du corps d'armée.

Art. 17. L'épreuve comporte trois parties : une visite médicale, un examen oral et une course sur route.

Les deux premières parties ne donnent pas lieu à une note ; le candidat est seulement déclaré admissible ou refusé.

Les résultats de la course déterminent le classement des candidats.

Art. 18. La visite médicale est passée par un médecin du corps, qui examine si l'homme remplit toutes les conditions d'intégrité des organes de la respiration et de la circulation, — notamment en ce qui concerne les varices, — s'il n'a aucune prédisposition aux hernies et si, en cas de diminution de l'acuité visuelle, l'usage des verres corrige suffisamment les conditions de la vision.

Art. 19. L'examen oral porte sur la lecture pratique de la carte, la connaissance des signes distinctifs des états-majors (fanions, lanternes, brassards, etc.), l'échelonnement et les formations habituelles des éléments d'une colonne en ordre normal de marche.

Le général commandant le corps d'armée, en même temps qu'il fixe la date de l'épreuve, arrête dans ses détails le programme de l'examen oral. Ce programme est à la disposition de tous les candidats, qui doivent le demander au chef du corps dans lequel ils subiront l'épreuve.

L'examen est passé devant une commission composée de trois membres, savoir :

Un officier supérieur, un capitaine et un lieutenant ou sous-lieutenant dans les régiments;

Un capitaine et deux lieutenants ou sous-lieutenants dans les bataillons formant corps.

La commission se fait présenter les brevets ou diplômes que le candidat a pu obtenir dans les concours ou auprès des diverses sociétés vélocipédiques, et en tient compte pour la déclaration d'admissibilité.

Les vélocipédistes devant fournir leur machine, les candidats à l'emploi remettent, en outre, à la commission, une pièce (facture légalisée, certificat du maire ou de la gendarmerie, etc.) établissant qu'ils sont possesseurs d'une bicyclette du type de route ou de demi-route.

La commission s'assure qu'ils sont en état de démonter et de remonter la machine qu'ils présentent.

Ceux qui ne pourraient justifier de la possession d'une machine seront prévenus que, quel que soit le résultat de l'épreuve, leur affectation comme vélocipédistes ne peut être définitive qu'après la production de la pièce indiquée ci-dessus, qui doit parvenir au chef de corps ou au commandant du bureau de recrutement, suivant le cas, au plus tard le 15 octobre.

Art. 20. La course sur route est fournie suivant un itinéraire déterminé par le chef de corps, qui prend les mesures nécessaires pour qu'elle soit contrôlée de manière à éviter toute fraude.

Le seul modèle de machine à employer est la bicyclette. Elle est apportée par l'homme si ce dernier est de la réserve ou de l'armée territoriale. Les hommes sous les drapeaux peuvent, s'ils en font la demande, faire usage des machines régimentaires.

La course est de 90 kilomètres à couvrir en moins de six heures pour les candidats à l'emploi de vélocipédiste dans les états-majors et dans la cavalerie; elle est de 48 kilomètres à couvrir en moins de quatre heures pour ceux qui peuvent être employés dans les autres corps ou services.

Les candidats qui n'ont pas obtenu ce dernier résultat sont éliminés.

Art. 21. Les résultats de l'épreuve sont consignés, pour les hommes de l'armée active, sur les états d'affectation modèle 17 que les corps font parvenir le 1er juillet aux commandants des bureaux de recrutement, et, pour les hommes de la réserve et de l'armée territoriale, sur des états de même modèle qui reçoivent la même destination.

Les commandants des bureaux de recrutement adressent ensuite un relevé de ces divers états au général commandant le corps d'armée, qui décide de l'affectation suivant les besoins des corps ou services et d'après les résultats obtenus par les candidats.

Cette décision est portée à la connaissance des corps ou services intéressés et des bureaux de recrutement.

Mention en est faite par leurs soins sur les livrets des hommes qui sont alors définitivement affectés comme vélocipédistes, s'ils ont rempli la formalité prévue au dernier alinéa de l'article 19 ci-dessus. Dans le cas contraire, il en est rendu compte au général commandant le corps d'armée, qui comble les vacances produites au moyen des candidats classés après ceux qui n'ont pu être affectés, faute d'avoir justifié de la possession d'un vélocipède.

Art. 22. Les vélocipédistes des corps de troupe sont affectés à ces corps.

Ceux des états-majors ou services sont affectés aux sections de secrétaires, de commis et ouvriers ou d'infirmiers.

Dans le cas où ces états-majors ou services ne seraient pas stationnés avec la portion centrale desdites sections, les vélocipédistes qui leur sont attribués comptent dans ces sections, mais seront mobilisés par les soins d'un corps de la garnison.

Art. 23. Les vélocipédistes conservent leur grade de soldat, caporal ou sous-officier.

Toutefois, les fourriers, sergents-majors ou maréchaux des logis chefs et adjudants qui voudraient être affectés comme vélocipédistes doivent être remis sergents ou maréchaux des logis au moment de leur affectation.

Art. 24. Les vélocipédistes comptent en sus des effectifs réglementaires.

CHAPITRE III

HABILLEMENT, ÉQUIPEMENT ET ARMEMENT DES VÉLOCIPÉDISTES

Art. 25. L'habillement des vélocipédistes comporte les effets indiqués ci-après :

1° Capote ou manteau réglementaire de l'arme ou du service roulé sur le sac ou dans le ballot;

2° Vareuse du modèle des chasseurs alpins, avec numéro du corps ou attributs du service;

3° Pantalon d'ordonnance, sans basane en cuir pour les armes à cheval;

4° Pèlerine courte en drap, du modèle des zouaves;

5° Képi du modèle réglementaire de l'arme;

6° Brassard en drap de couleur du fond portant comme attribut un vélocipède en drap rouge pour les caporaux, brigadiers ou soldats; en or ou argent pour les sous-officiers.

Art. 26. Le linge attribué aux vélocipédistes comporte les effets réglementaires ; toutefois, ils sont pourvus de deux chemises de flanelle de coton.

Art. 27. La chaussure est le brodequin réglementaire de l'infanterie avec jambières en cuir pour toutes les armes.

La deuxième paire de chaussures est la chaussure de repos réglementaire pour les troupes à pied et la botte pour les armes à cheval.

Art. 28. L'équipement comprend :

1° L'étui-musette du modèle réglementaire;
2° Un sac à dépêches;
3° Le petit bidon et le quart;
4° Le havresac du modèle réglementaire pour les troupes à pied ; cet objet est porté sur les voitures;
5° L'étui de revolver avec ceinture.

Art. 29. L'armement est constitué par le revolver du modèle réglementaire avec dix-huit cartouches.

Art. 30. Les dispositions qui précèdent, relatives à l'habillement, à l'équipement et à l'armement, ne s'appliquent qu'aux hommes définitivement affectés comme vélocipédistes après leur passage dans la réserve.

Les hommes de l'armée active, employés provisoirement pendant leur séjour sous les drapeaux, conservent la tenue de leur corps.

Quant ils montent les machines fournies par l'Etat, ils sont sans armes et leurs sacs ou ballots d'effets sont portés sur les voitures. En outre, dans les armes à cheval, ils font usage du pantalon sans basane et d'une chaussure d'homme à pied (souliers, brodequins ou bottes sans éperons).

CHAPITRE IV

DU MATÉRIEL A EMPLOYER

Art. 31. Le type employé dans l'armée est une bicyclette de n'importe quel modèle, pourvu qu'elle remplisse les conditions d'une machine de route ou de demi-route.

Art. 32. En cas de mobilisation et pour toutes les convocations, les vélocipédistes apportent avec eux la machine dont ils sont propriétaires, ainsi que quelques pièces de rechange (rayons, écrous, etc.). A leur arrivée, ces machines sont examinées, vérifiées et évaluées, savoir :

a) Dans les corps de troupe, par une commission composée d'un adjudant-major, de l'officier d'armement et du chef armurier ;

b) Dans les états-majors ou services, par un officier ou fonctionnaire désigné par le chef de service, assisté de l'officier d'armement et du chef armurier d'un des corps de la garnison.

Art. 33. Lorsque la machine n'est pas jugée susceptible de faire un bon service, l'affectation du vélocipédiste est annulée et le commandant du corps d'armée prononce, s'il y a lieu, le changement d'arme nécessaire.

Art. 34. Les vélocipèdes attribués aux corps de troupe en temps de paix, en vertu de l'article 12 ci-dessus, sont fournis par le service de l'artillerie, qui détermine le modèle à fabriquer dans les ateliers de l'Etat. En cas de mobilisation, ces machines sont emportées par les corps et forment une première réserve pour servir au remplacement des vélocipèdes mis hors d'usage.

CHAPITRE V

ADMINISTRATION. — SOLDE ET INDEMNITÉS ATTRIBUÉES AUX VÉLOCIPÉDISTES. — RÉPARATIONS. — RÉFORME

Art. 35. Les vélocipédistes des états-majors et services sont administrés comme les isolés des quartiers généraux.

Ceux des corps de troupe comptent dans les états-majors ou dans une unité de leur corps.

Art. 36. En garnison, les vélocipédistes, convoqués conformément aux dispositions de l'article 14 ci-dessus, reçoivent la solde de leur grade.

Aux manœuvres, les vélocipédistes affectés aux états-majors et services ont droit à l'indemnité journalière de 2 fr. 50 à l'exclusion de toute autre allocation. Les vélocipédistes des corps de troupe n'ont droit, en principe, qu'à la solde de leur grade et vivent à l'ordinaire ; exceptionnellement, et sur l'ordre du chef de corps, il leur est alloué une indemnité de 2 fr. 50 par jour lorsque leur service ne leur permet pas de vivre à leur corps.

Les indemnités journalières de 2 fr. 50 sont imputées sur les fonds de l'indemnité de route.

En campagne, les dispositions pour la solde des vélocipédistes sont les mêmes qu'aux manœuvres. En outre, le chef de corps ou de service peut leur délivrer, dans certains cas, des bons de réquisition pour une demi-journée de nourriture chez l'habitant.

Art. 37. En garnison, les vélocipédistes ont droit à une indemnité journalière de 0 fr. 50 pour l'usure et l'entretien de leur machine (graissage, menues réparations, etc.).

Aux manœuvres, l'indemnité journalière pour usure et réparations est de 0 fr. 75.

Dans les deux cas, les grosses réparations, par suite de cas de force majeure constatés par procès-verbal, sont à la charge de l'Etat.

En campagne, la machine est réquisitionnée conformément à l'article 17 du décret du 2 août 1877. Le vélocipédiste ne reçoit en conséquence aucune indemnité journalière; toutes les réparations sont à la charge de l'Etat. Quand le vélocipédiste reprend possession de sa machine, il est indemnisé de la dépréciation qu'elle a pu subir en prenant pour base l'évaluation faite par la commission dont il est parlé à l'article 32 ci-dessus.

Art. 38. Les indemnités pour usure et entretien sont

payées sur le fonds du service de la solde et régularisées dans une colonne spéciale des feuilles de journées de l'unité à laquelle les intéressés appartiennent.

Art. 39. Les dépenses résultant des grosses réparations aux vélocipèdes apportés par leurs propriétaires, ainsi que celles de toutes les réparations aux vélocipèdes fournis par l'Etat, incombent au service de l'artillerie. Autant que possible, ces réparations sont faites dans les corps par les chefs armuriers.

Art. 40. D'une manière générale, les vélocipèdes fournis par l'Etat rentrent dans la composition du matériel des équipages. Ils sont remplacés après réforme prononcée dans les formes ordinaires.

IIIe PARTIE

DISPOSITIONS TRANSITOIRES

CHAPITRE Ier

ORGANISATION

Art. 41. Provisoirement, les vélocipédistes seront armés de la carabine de cavalerie avec 36 cartouches.

L'équipement sera constitué en conséquence.

Art. 42. Jusqu'à ce que le service de l'artillerie ait fourni aux corps de troupe les vélocipèdes qui leur sont attribués en temps de paix, les chefs de corps pourront, dans les limites fixées par le présent règlement (art. 13), employer comme vélocipédistes des hommes de l'armée active ayant un an de service, habitués à la pratique du vélocipède et possesseurs d'une machine.

Les réparations ne donnent droit à aucune indemnité.

Art. 43. Les épreuves pour l'affectation des vélocipédistes en 1892 auront lieu au plus tard le 15 juin, de manière que les hommes de la réserve et de l'armée territoriale reçoivent cette affectation le plus tôt possible et répondent comme vélocipédistes aux convocations pour les manœuvres d'automne.

La pièce régulière établissant la propriété d'une bicyclette de route ou de demi-route, dont la production est prescrite par l'article 19 ci-dessus, sera présentée au chef de corps ou de service au moment de la convocation.

Art. 44. Les hommes de la réserve et de l'armée territoriale ayant actuellement l'affectation de vélocipédistes, en vertu des dispositions antérieures, conservent cette affectation et ne sont soumis à aucune épreuve ; mais ils doivent produire avant le 15 juin la pièce régulière établissant qu'ils sont propriétaires d'une machine.

Cette disposition est portée à la connaissance des intéressés par les soins des chefs de corps et par l'intermédiaire de la gendarmerie.

Si le vélocipédiste n'a pas fait la preuve demandée, son affectation antérieure est annulée.

Art. 45. Les hommes de l'armée active dans leur dernière année de service seront admis à subir les épreuves prévues à l'article 43 ; mais leur affectation ne sera effectuée qu'au moment de leur passage dans la réserve et dans les conditions déterminées par le présent règlement.

Art. 46. Les commandants de corps d'armée répartiront entre les corps ou services sous leurs ordres les hommes ainsi affectés comme vélocipédistes.

CHAPITRE II

EMPLOI

Art. 47. Les principes généraux exposés dans la première partie ne constituent pas des règles absolues.

Les généraux commandant les corps d'armée sont autorisés à employer à titre d'expérience, suivant les circonstances, comme éclaireurs ou même comme combattants, les vélocipédistes des corps ou services sous leurs ordres, et à les grouper à cet effet de la manière qu'ils jugeront convenable.

Les directeurs des manœuvres de garnison ont également toute initiative à cet égard.

Art. 48. Dans le cas de manœuvres de forteresse ou de manœuvres de garnison exécutées sous leur commandement, les gouverneurs des places fortes peuvent demander au général commandant le corps d'armée la convocation par voie d'appels individuels de réservistes ou territoriaux ayant l'affectation de vélocipédistes.

Art. 49. Les rapports fournis à la suite des manœuvres d'automne feront connaître dans un fascicule spécial :

1° L'appréciation des commandants de corps d'armée sur l'emploi du vélocipède en garnison, soit pour le service de planton ou de vaguemestre, soit dans les exercices en terrain varié et les manœuvres de garnison;

2° Les divers modes d'emploi des vélocipédistes aux manœuvres d'automne et les services qu'ils ont ainsi rendus ;

3° Le nombre d'hommes définitivement affectés, au 1er novembre 1892, comme vélocipédistes dans les corps ou services se mobilisant dans la région et les déficits ou excédents qui en résultent, par rapport aux effectifs de guerre.

Paris, le 2 avril 1892.

Le Ministre de la guerre,

Signé : C. de Freycinet.

TABLEAU indiquant le nombre des vélocipédistes affectés à chaque corps ou service.

CORPS OU SERVICES.	NOMBRE des VÉLOCIPÉDISTES.	OBSERVATIONS.
Quartier général d'un corps d'armée.		Les effectifs indiqués ci-contre sont reproduits dans les tableaux d'effectifs de guerre avec la mention qu'ils comptent en sus des effectifs des corps de troupes. Le nombre des vélocipédistes attribués aux états-majors des corps d'armée et des divisions a été calculé de manière à leur permettre de venir en aide aux vélocipédistes des différents services des quartiers généraux, lors des circonstances particulières pendraient insuffisantes les ressources dont ces services disposent.
Etat-major d'un corps d'armée	8	
Général commandant l'artillerie d'un corps d'armée	2	
Général commandant le génie d'un corps d'armée	1	
Direction des services de l'intendance	2	
Direction du service de santé	1	
Trésorerie et postes d'un corps d'armée	3	
Section télégraphique de première ligne	2	
Quartier général d'une division d'infanterie.		
Etat-major de la division	4	
Etat-major de l'artillerie divisionnaire	2	
Services administratifs	2	
Direction du service de santé	1	
Trésorerie et postes	2	
Quartier général d'une division de cavalerie indépendante.		
Etat-major de la division	4	
Commandant l'artillerie de la division	1	
Sous-intendant de la division	1	
Trésorerie et postes	2	
Etat-major d'une brigade d'infanterie	2	
Etat-major d'une brigade de cavalerie	2	
Régiment d'infanterie	4	
Bataillon de chasseurs	3	
Compagnie divisionnaire du génie	1	
Régiment de cavalerie	2	
Commandant de l'artillerie de corps d'un corps d'armée	2	
Etat-major du parc d'artillerie	2	
Ambulance du quartier général	1	
Ambulance divisionnaire	1	
Ambulance d'une division de cavalerie	1	
Boulangerie de campagne	1	

TRAITÉ PRATIQUE DE VÉLOCIPÉDIE MILITAIRE

CHAPITRE Ier

APERÇU HISTORIQUE

Le vélocipède considéré comme moyen de locomotion. — Le colonel Denis et la vélocipédie militaire. — Expériences à Grenoble en 1886. — Tentative du colonel Savile. — Adoption du principe de la vélocipédie militaire. — Projet du 27 novembre 1891. — Les vélocipédistes aux manœuvres de l'Est. — Services rendus aux états-majors. — Documents rétrospectifs. — Le livret militaire de l'Union vélocipédique de France. — Simulacre de petite guerre avec emploi des vélocipédistes.

Avant d'être admis comme l'instrument d'un sport agréable, le vélocipède, on le sait, a été victime d'un dédain qu'a supporté longtemps son gros dos voûté. Autant au point de vue du tourisme que des courses et de son appropriation aux services de l'armée, conserve-t-on encore contre lui certaines préventions qu'anéantiront, nous en sommes persuadés, ses rapides progrès, tant comme moyen utile de locomotion que comme objet de plaisir.

Tout d'un coup, sans qu'on s'y attende, il est apparu comme le meilleur auxiliaire pour franchir rapidement de longues distances. Il est allé de Bordeaux à Paris, de Paris à Brest et à Dieppe actionné par le pied des Terront, se révélant comme un système de communication si intéressant qu'on ne tarda pas à rechercher le parti qu'on pouvait en tirer dans un but plus utile que celui du sport proprement dit.

En cherchant à s'en servir dans l'armée, on ne pouvait certainement lui donner une plus noble destination; mais, ainsi que cela arrive malheureusement trop souvent chez nous pour les meilleures choses, il a fallu attendre la venue d'un Ministre éclairé et studieux pour qu'on consacrât enfin l'inestimable rôle que pouvaient jouer — militairement — deux pauvrettes roues d'acier.

L'histoire de la vélocipédie militaire ressemble à toutes les histoires. On y remarque beaucoup d'efforts, beaucoup de peines pour un peu de succès.

Si nous voulions nous écarter du but de ce livre, qui doit être pratique avant tout, nous reproduirions ici de nombreux documents officiels inhérents à cette histoire et qui montreraient combien il y avait encore en haut lieu, il y a quelques années, d'hésitations à accepter cet excentrique vélocipède. Nous ne donnons plus loin que la publication des documents qui semblent véritablement marquer de sérieuses intentions et d'intelligentes études.

L'idée de l'emploi du vélocipède dans l'armée date réellement de 1878. Elle appartient au colonel Denis, un officier supérieur, alors professeur à Saint-Cyr, et qui a été un de ses plus ardents propagateurs. Mais, comme pour tout en général, c'est du Midi que la première tentative est venue. C'est à Grenoble, ville cycliste par excellence, que furent faites, en août 1886, les premières expériences à la suite desquelles le colonel Savile, puissamment secondé par le commandant Hennequin, fit des essais qui marquent absolument le début de la vélocipédie militaire. Ces noms-là sont indissolublement liés au succès du cyclisme militaire avec ceux des vélocipédistes qui y prirent part : Médinger, Rousset, Paillet, Astuguevielle et Giraud dont la grande expérience et l'habileté en matière de vélocipédie ne suffirent pas à détruire le profond scepticisme d'officiers récalcitrants.

Cependant, c'était le plus chaleureux plaidoyer fait en faveur d'une bonne cause, et, l'année suivante, le général Haillot, chef d'état-major, adressait la circulaire suivante qui, malgré son ton quelque peu réservé, constituait un précieux encouragement en consacrant l'adoption en principe de la vélocipédie militaire :

Adoption du principe de la vélocipédie militaire et études de son organisation aux manœuvres d'automne en 1887.

Le 19 juillet 1887.

A la suite des expériences faites aux manœuvres du 16e corps en 1886 et, ultérieurement, à l'École normale de gymnastique, j'ai décidé que l'emploi du vélocipède serait adopté en principe, dans l'armée, comme moyen rapide de correspondance. Toutefois, avant de mettre ce système en pratique, il m'a paru nécessaire de le soumettre à des expériences plus complètes dans les corps qui exécuteront des manœuvres d'automne en 1887.

Ces expériences permettront de déterminer :

Le modèle d'instrument, bicycle, bicyclette et tricycle, qui répond le mieux aux besoins de l'armée; les circonstances et les conditions dans lesquelles l'emploi du vélocipède présentera des avantages sérieux;

Enfin, les principes d'après lesquels devront être réglés l'organisation et le fonctionnement du service des vélocipèdes à l'armée.

En conséquence, j'ai l'honneur de vous prier de faire connaître aux réservistes de votre région que tout homme, convoqué pour une période d'instruction, qui demandera à se présenter avec son vélocipède et à faire constater son habileté à le conduire, pourra être autorisé par vous, dans la limite des besoins du service, à accomplir cette période d'instruction en qualité de vélocipédiste militaire.

Cette demande devra vous parvenir avant le 18 août, par l'intermédiaire de la gendarmerie, qui certifiera, après enquête, que le postulant a l'habitude du vélocipède.

Dans le cas où le nombre de demandes présentées par des réservistes serait insuffisant, celles des vélocipédistes appartenant à l'armée territoriale pourraient être favorablement accueillies. Ces territoriaux seraient convoqués par ordre d'appel individuel, et les journées qu'ils auraient passées aux manœuvres seraient défalquées du temps d'instruction que leur classe doit encore à l'État.

S'il y avait insuffisance de réservistes et de territoriaux, des vélocipédistes étrangers à l'armée pourraient même être admis à prendre part aux manœuvres, à la condition de se conformer à toutes les obligations militaires et à recevoir seulement les prestations du soldat.

Vous statuerez sur toutes les demandes qui vous seront adressées. Vous désignerez la date et le lieu de l'examen d'aptitude auquel les postulants devront être soumis avant la période d'appel. Ceux-ci pourront présenter un vélocipède quelconque, tricycle, bicycle ou bicyclette, à la seule condition que l'instrument soit solide et en bon état.

A la suite de l'examen, la liste des vélocipédistes militaires sera arrêtée, et l'affectation en sera faite de manière à attribuer :

6 vélocipédistes par état-major de corps d'armée.
4 — — division.
2 — — brigade d'infanterie.

Ces vélocipédistes seront détachés de leur corps et rejoindront l'état-major auquel vous les aurez affectés. Le chef d'état-major du corps d'armée de la division ou de la brigade réglera leur service.

Des dispositions analogues seront appliquées pendant les manœuvres de forteresse.

Dans les places importantes de garnison et particulièrement dans les grands camps retranchés, il pourra être organisé, dans les mêmes conditions, un service de plantons vélocipédistes pendant la durée de l'appel des réservistes. On pourra ainsi se rendre compte s'il y aurait intérêt à généraliser cette mesure, tant au point de vue de la facilité des communications qu'à celui de l'économie de personnel employé au service de plantons à pied ou montés.

Vous déterminerez, suivant les places, le nombre de vélocipédistes à utiliser de cette manière.

Un rapport sur l'emploi du vélocipède dans ces diverses circonstances sera joint au compte rendu des manœuvres.

Pour le Ministre :

Le Chef d'état-major,

Signé : général Haillot.

Ce premier pas fait, tandis que l'Ecole de Joinville-le-Pont obtenait d'excellents résultats en facilitant à ses élèves la pratique du vélocipède, chaque année vit éclore plusieurs circulaires ministérielles de plus en plus encourageantes et qui devaient infailliblement faire aboutir à une réglementation définitive aujourd'hui (1).

On a fini par se rendre compte qu'en dépit de ces prescriptions qui précipitaient l'amélioration de la vélocipédie militaire sans pourtant la réaliser dans une mesure satisfaisante, chaque commandant de corps d'armée, même chaque colonel, tout en assurant l'exécution de ces prescriptions, arrangeait chacun à sa façon une organisation de vélocipédistes, selon qu'ils étaient favorables ou hostiles à cette institution.

La circulaire du 25 septembre 1891 vint bien jeter quelque clarté, mais où la bonne organisation sembla se dessiner fortement, ce fut au lendemain même des manœuvres de l'Est, cette puissante expérience où la vélocipédie militaire trouva enfin sa consécration.

Une commission militaire, présidée par le général de Boisdeffre fut constituée, et, dans sa séance du 27 novembre 1891, au cours de laquelle on écouta très attentivement les renseignements de M. Minart, vice-président de l'*Union vélocipédique de France*, on élabora le projet suivant qu'on a eu le tort à notre avis de considérer, à divers points de vue, comme une réglementation officielle alors que ce projet ne représentait simplement que les résultats de travaux susceptibles d'être modifiés.

(1) Prescriptions relatives aux essais de la vélocipédie militaire, 23 août 1887; — Emploi des vélocipédistes dans les manœuvres d'automne en 1888, 11 juillet 1888; — Organisation de la vélocipédie militaire, 8 mai 1889; — Paiement de l'indemnité d'entretien aux vélocipédistes militaires, 5 juin 1889; — Armement des vélocipédistes, 27 juillet 1889; — Au sujet de l'habillement et de l'équipement des vélocipédistes, 16 juillet 1890; — Habillement des vélocipédistes militaires, 13 avril 1891; — Lettre de M. de Freycinet aux gouverneurs militaires et généraux commandant les corps d'armée, 25 septembre 1891.

Les journaux sportifs spéciaux entrèrent même en polémique à ce sujet ; mais, quoi qu'il en soit, le travail de la commission militaire restera comme le premier document complet et étudié sur l'organisation de la vélocipédie.

Le voici tel qu'il a été publié au *Journal officiel* :

CONDITIONS GÉNÉRALES

1° Les vélocipédistes militaires sont divisés en deux catégories, savoir :

I. Les vélocipédistes régimentaires.

II. Les vélocipédistes d'état-major.

Les vélocipédistes régimentaires, comme le nom l'indique, sont attachés aux régiments ; leur nombre variera de 7 à 10 par régiment, selon qu'ils seront attachés à un régiment d'infanterie, d'artillerie ou de cavalerie.

Les vélocipédistes d'état-major affectés au service des divers états-majors seront au nombre de 75 par état-major.

L'armée française, en temps de paix, comptera environ 3,000 vélocipédistes militaires.

RECRUTEMENT

2° Les candidats au poste de vélocipédiste militaire auront à passer les examens suivants :

I. Pour les vélocipédistes régimentaires : un concours de topographie élémentaire et un parcours de 50 kilomètres en quatre heures, maximum.

II. Pour les velocemen d'état-major : un concours plus difficile de topographie et l'accomplissement, en sept heures, d'un trajet de 90 kilomètres.

Enfin, ces deux catégories de vélocipédistes militaires subiront, au préalable, l'examen médical de médecins militaires, qui décideront si le candidat est un homme sain, robuste, bien portant et capable de supporter les fatigues qui seront l'apanage des vélocipédistes militaires en campagne.

Les candidats porteurs du livret vélocipédique militaire de l'Union vélocipédique de France sont dispensés des examens de 50 kilomètres en quatre heures ou de 90 kilomètres en sept heures.

ARME

3° L'arme adoptée par la commission est le revolver.

HABILLEMENT

4° Les vélocipédistes militaires seront coiffés du képi en usage dans l'armée française et revêtus d'une ample vareuse dans le genre de celle adoptée pour nos troupes d'infanterie de marine.

La culotte sera large, descendant au-dessous du genou, arrêtée par deux boutons et recouverte par de très légères molletières en cuir.

L'uniforme ci-nommé a été établi en prévision du cas où le vélocipédiste viendraït, en campagne, à être démonté ; il pourrait alors ainsi rentrer dans le rang comme simple fantassin.

AVANCEMENT

5° L'avancement pour les vélocipédistes militaires aura lieu comme dans les autres armes, en passant successivement par les grades de caporal et sergent jusqu'au grade d'adjudant inclus.

SOLDE

6° En outre de la solde propre à son grade respectif, chaque vélocipédiste militaire recevra une indemnité quotidienne de 50 centimes par jour en temps ordinaire et de 75 centimes pendant les manœuvres. L'indemnité de 1 franc allouée en temps de guerre n'est pas encore acceptée.

NOURRITURE

7° Trois sortes de rations de vivres sont actuellement en usage dans l'armée : la ration ordinaire, la ration supplémentaire et la ration forte.

Les velocemen militaires auront droit à *deux rations fortes, soit* 500 *grammes de viande par jour et du vin à chaque repas.*

MACHINE

8° Pour l'instant le *statu quo* sur cette question est maintenu, et toute machine en bon état, pourvu qu'elle soit de demi-route ou de route, sera acceptée; les machines dites de course sont prohibées.

Dans le courant de 1892, un type de bicyclette sera définitivement adopté et les fabricants seront tous invités à le produire et mettre en vente sur le marché.

Enfin, plus tard, les arsenaux nationaux de l'État seront outillés et aménagés pour fabriquer les vélocipèdes militaires.

9° Enfin, l'organisation de la vélocipédie militaire en France partira du 1er mars 1892 prochain, et le rapport de la commission d'étude, soumis actuellement à la signature de M. de Freycinet, Ministre de la guerre, paraîtra dans un des prochains numéros du *Journal officiel.*

Ainsi que nous le disions plus haut, la révélation la plus complète de l'utilité du vélocipédiste militaire s'est produite aux manœuvres de l'Est.

Nous extrayons les lignes suivantes d'une lettre datée de Chavanges, sur la vélocipédie à ces manœuvres, de M. de Kérandantec, qui vient corroborer cette opinion :

« La vélocipédie est particulièrement appréciée aux états-majors qui d'ailleurs en sont pourvus dans une mesure suffisante. La division près de laquelle j'ai passé la journée compte cinq cyclistes; les brigades subordonnées en ont de deux à trois. Le grand quartier général dispose, paraît-il, de quinze machines, et les corps d'armée en ont huit à dix. Il y aurait plutôt avis favorable à une augmentation de ces chiffres, que tendance à les restreindre. Les anciens camarades que j'ai retrouvés sur le terrain des manœuvres me paraissent très satifaits des résultats obtenus pour la transmission des ordres ou des rapports écrits ; on est fort heureux, le soir surtout, quand hommes et chevaux ont eu une journée rude, de trouver tout près devant la porte le vélocipédiste *premier à marcher,* qui, sa bicyclette appuyée au mur, n'attend qu'un signe pour sauter en selle. Quelques indications précises données au départ par l'officier d'état-major, la carte et la lanterne du guidon, il n'en faut pas davantage au cycliste qui, sa mission accomplie, sera de retour après moins de temps qu'il n'en fallait à l'estafette d'antan pour arriver au point désigné en luttant contre sa propre fatigue, contre celle de son cheval et contre les hésitations de celui-ci dans la nuit.

» Un peu plus discuté est le résultat pour la transmission des ordres verbaux, surtout dans les corps de troupe. Ce fait ne doit pas nous surprendre et n'inculpe pas exclusivement les vélocipédistes. Il n'y a pas qu'eux qui, laissant à peine le chef énoncer son ordre, et sans prendre le temps de méditer les instructions reçues, sautent en selle et *filent*, uniquement préoccupés d'aller vite et de faire, par leur vitesse, acte de bonne volonté. C'est là un vieil errement inhérent au tempérament français ; la vélocipédie n'y est pour rien, et si cet errement commence à se corriger parmi nos cavaliers, officiers ou hommes de troupe, on ne peut prétendre que des débutants comme nos cyclistes militaires puissent s'en affranchir.

» Chaque progrès vient en son temps. Que l'on inculque aux cyclistes employés à l'armée une instruction militaire plus complète et ces fautes provenant de l'inexpérience ne se produiront plus.

» Quoi qu'il en soit, je constate comme progrès bien sensible que, grâce à ces transmissions par cyclistes, l'éparpillement des états-majors et des escortes ne se produit plus.

» Il y a quelques années, faisant les manœuvres auprès d'un général aujourd'hui décédé, j'ai vu dix fois par jour les officiers alterner avec les hommes de l'escorte pour porter des ordres aux brigades ou même à tel ou tel bataillon directement ; par moments, nous étions tous en l'air, le chef restant seul avec son fanion et n'ayant pu garder personne à sa portée pour avoir au moment voulu un renseignement utile ou faire une communication importante. Ce n'est point là un fait isolé, tant s'en faut !

» Cette année, il n'en est plus ainsi ; au lieu de ce rayonnement regrettable de cavaliers lancés à toute bride dans toutes les directions, les cyclistes font silencieusement la tournée complète des emplacements des unités subordonnées, et le résultat voulu est obtenu plus rapidement qu'autrefois. »

Les services rendus au cours des manœuvres précédentes ne pouvaient pas être autant appréciés en raison même du champ d'action relativement restreint d'une brigade contre une brigade ou d'une division contre une division. Dans l'Est, 120,000 hommes se sont trouvés concentrés dans une province, campant dans tous les pays à la fois, nécessitant par cette agglomération un service de dépêches que nous nommerons « à petites distances », mais qui, en revanche, devait se faire très fréquemment. Les estafettes qui ont accompli leur période d'instruction pendant ces manœuvres en savent quelque chose.

Les premiers, en effet, les états-majors ont reconnu les qualités de l'auxiliaire autrefois tant décrié. Aussi les en avait-on, en général, largement pourvus un peu au détriment, dirons-nous, de chaque régiment dont beaucoup ne se sont plus trouvés qu'avec deux vélocipédistes pour assurer la correspondance avec les autorités hiérarchiques directes. De leur côté, les quartiers généraux possédant huit, dix, et même douze estafettes dont le mouvement ne s'effectuait guère que la nuit, de sorte que les vélocipédistes d'une unité moins favorisée par le sort ont eu à supporter une fatigue qui provoqua souvent une gouaillerie peu charitable tout en portant préjudice au vélocipédiste lui-même dans l'esprit d'officiers peu disposés déjà en sa faveur.

Quoi qu'il en soit, dans ce manque d'organisation, les services rendus par les vélocipédistes étaient si flagrants, qu'il a bien fallu les reconnaître; à tel point que vers la fin des manœuvres on leur rendit, dans beaucoup de régiments, une éclatante justice. Si peu qu'on voulait bien s'en rappeler on se souvint que le « fantassin monté », en dehors de son service proprement dit, avait ravitaillé plus d'une cantine d'officiers et même de troupe ; porté au télégraphe plus d'une dépêche particulière et, que nouveau capitaine adjudant-major tout à fait subalterne, il avait franchi plus d'une fois la profondeur de colonnes qu'il est toujours désagréable, même à cheval, d'effectuer, surtout par une chaleur excessive. Combien d'officiers, pendant cette dure épreuve en Champagne pouilleuse, ne se sont-ils pas rendus redevables d'un service personnel au vélocipédiste militaire? Qu'ils nous pardonnent de nous être souvenu de ces petits incidents. En les leur rappelant, nous n'oublions pas pour cela le paragraphe légendaire du règlement sur le service intérieur ; nous sollicitons respectueusement que, dans les manœuvres à venir, ils veuillent bien les accepter de nouveau créant un lien de sympathie qui ne portera jamais aucun atteinte à la discipline militaire.

Les deux épreuves faites cette année par le journal *le Matin*, — la première, il est vrai, opérée dans des conditions matérielles qui n'ont que mieux démontré la valeur d'un homme armé d'un vélocipède, même par le temps le plus épouvantable, — ont également converti de nombreuses autorités compétentes à la cause du cyclisme militaire.

Il est donc inutile d'aller plus loin pour prouver que l'application de la vélocipédie militaire réserve de grands avantages et nous allons essayer de bien définir le rôle et les attributions qui incombent au vélocipédiste militaire ainsi que les conseils qui nous paraîtront lui être utiles pour l'accomplissement de sa mission.

A côté de cet aperçu historique succinct, il convient également de mentionner des auteurs plus ou moins fantaisistes qui, prévoyant sans doute l'utilité future de l'emploi du vélocipède dans l'armée, sont allés, dans cette prévoyance excessive, jusqu'à des exagérations que le scepticisme de notre époque est bien près de faire tourner au comique.

On a envisagé la question de la vélocipédie militaire jusqu'au point de vue stratégique et tactique et l'exemple donné par l'Angleterre de la création d'un corps spécial de vélocipédistes militaires a fait songer, dans le cas d'un établissement semblable en France, à une foule d'attributions que l'on veut voir réservées dans l'avenir au vélocipédiste militaire.

Ainsi, il a été parlé de l'organisation de détachements spéciaux de 250 hommes qui seraient placés sous les ordres d'un major et divisés en compagnies commandées par un capitaine que seconderaient trois officiers subalternes. La compagnie aurait quatre pelotons et le peloton deux sections de seize hommes.

Le major et les capitaines à cheval, très bien montés, auraient, en outre, une bicyclette à leur disposition !...

Chaque détachement serait suivi d'une charrette de bataillon portant des cartouches, des médicaments, des pièces de rechange, les outils nécessaires aux réparations et « *deux tricycles-ateliers* ». « *Deux bicyclettes-ateliers* » et une « *bicyclette tandem de santé* » marcheraient avec la colonne.

Ce qui fera particulièrement sourire les officiers est un document digne, au point de vue rétrospectif, d'être mentionné et que nous avons trouvé dans la riche bibliothèque de M. de Baroncelli.

Ce document définit un simulacre de petite guerre (tir à blanc). L'auteur, M. Remy Lamon, lieutenant de mobiles de la Seine en 1870, décédé récemment « *fait remarquer aux hommes compétents de génie et de haute intelligence militaire, la preuve de ce qu'il avance sur son ouvrage, pouvant être utile et indispensable. Sur un champ de bataille, il peut arriver qu'une colonne d'infanterie, surprise et chargée par la cavalerie, s'émeuve et perde son sang-froid ; ce n'est pas que les hommes aient peur ou n'aient pas de courage, c'est que, se trouvant pris à l'improviste, ils n'ont pas le temps de se mettre en défense, ne savent pas, sur le moment de surprise, comment se placer à leurs rangs commencent par se troubler dans les rangs, n'ayant pas le temps de se reconnaître. Leurs chefs, dans ce moment critique, cherchent à leur faire prendre leur place dans les rangs ; pendant ce temps il se perd un temps immense au profit de l'ennemi qui vous attaque à l'improviste qu'il semble que tout est perdu.* »

. . . .

On conviendra qu'il eût été dommage de ne pas reproduire ce document à la fois à titre de curiosité retrospective sans lui conserver sa saveur.... française.

L'auteur continue :

« *Pour remédier*, dit-il, *autant que possible à ces inconvénients et donner en même temps le gain d'un succès et d'une victoire, je propose des colonnes de vélocipédistes volantes servant en un mot de tirailleurs et d'éclaireurs pour protéger une colonne d'infanterie attaquée à l'improviste par une colonne de cavalerie....*

Nous nous arrêtons ici, croyant préférable de donner la reproduction des dessins qui figurent dans ce curieux opuscule au moins barbare pour notre langue.

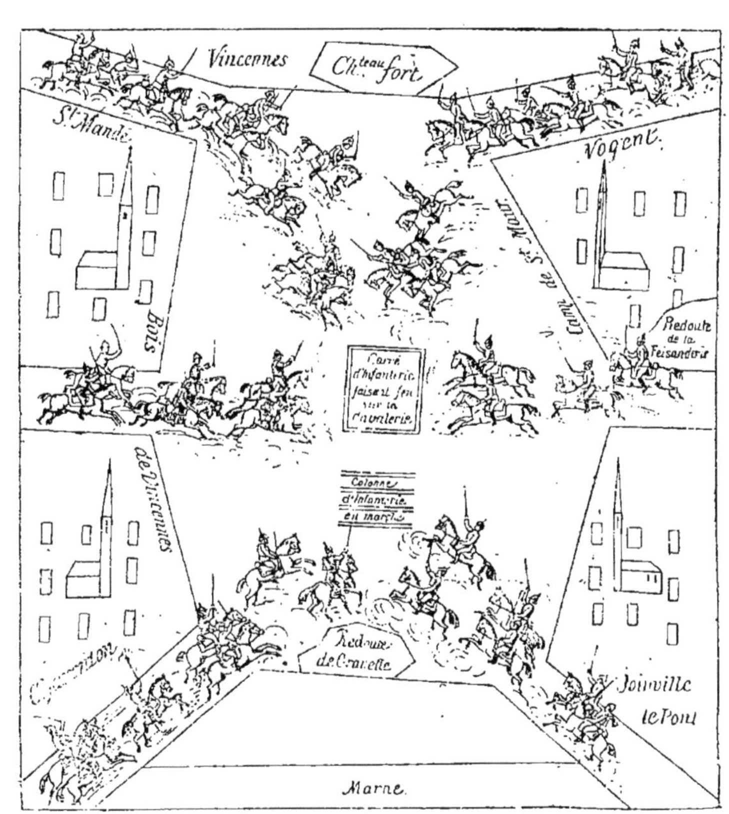

COMBAT DE CAVALERIE
ET D'UNE COLONNE D'INFANTERIE TRAVERSANT UNE PLAINE,
CHARGÉE
ET SURPRISE DANS SA MARCHE ET COMPLÈTEMENT
DÉFAITE PAR LA CAVALERIE.

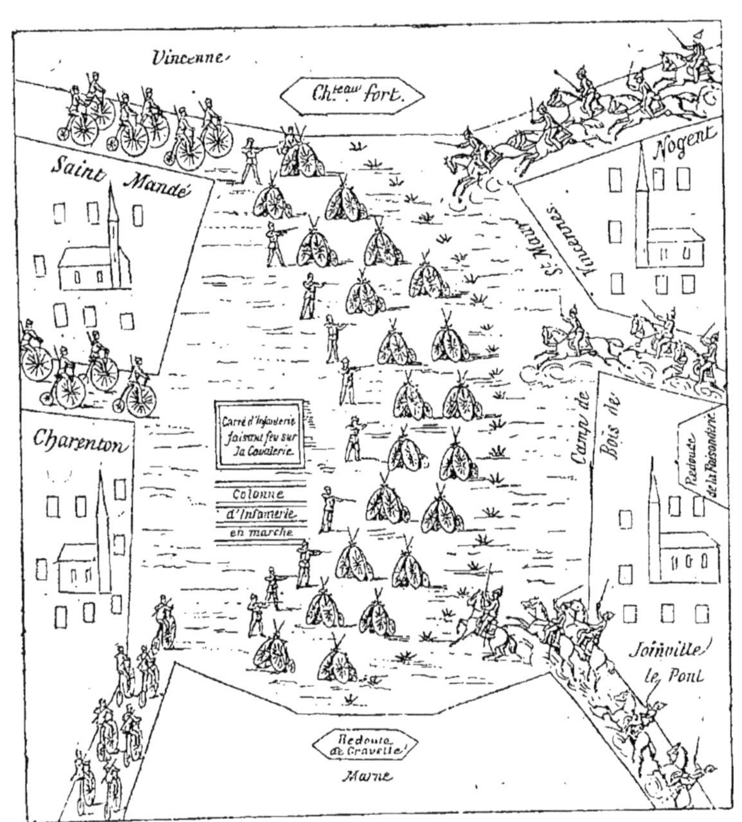

COLONNE D'INFANTERIE
TRAVERSANT UNE PLAINE ATTAQUÉE ET CHARGÉE PAR LA CAVALERIE,
MAIS INSTANTÉMENT REPOUSSÉE
PAR UNE COLONNE DE VÉLOCIPÉDISTES.

COLONNE D'INFANTERIE TRAVERSANT UNE PLAINE ATTAQUÉE
ET CHARGÉE PAR LA CAVALERIE,
CETTE DERNIÈRE ARRÊTÉE DANS SA CHARGE
ET CERNÉE
PAR LA COLONNE DE VÉLOCIPÉDISTES DE MANIÈRE
A DONNER LE TEMPS
A LA COLONNE D'INFANTERIE DE FORMER LE CARRÉ ET DE TENIR
LA CAVALERIE, QUI S'EST ENGAGÉE PRISONNIÈRE.

MARCHE EN BATAILLE
POUR CHARGER D'UNE COLONNE DE CAVALERIE
ET D'UNE COLONNE DE VÉLOCIPÉDISTES
REPRÉSENTANT UNE CHARGE DE CAVALERIE FRANÇAISE
AVEC LES LIGNES DE VÉLOCIPÉDISTES
DERRIÈRE EUX CONTRE LA CAVALERIE ENNEMIE EN BATAILLE,
CHARGEANT ÉGALEMENT, MAIS AYANT LES LIGNES
DE FAISCEAUX
DE VÉLOCIPÈDES A FRANCHIR.

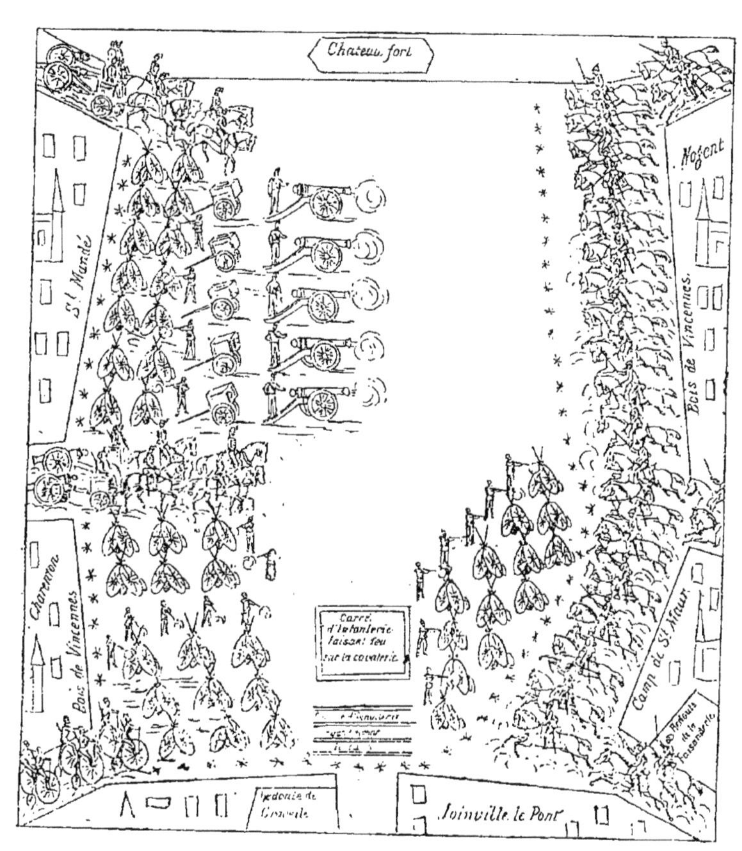

COMBAT D'ARTILLERIE FRANÇAISE
CONTRE LA CAVALERIE ENNEMIE, CETTE CAVALERIE CHERCHANT
A L'ASSAILLIR SUR LES FLANCS ET LES DERRIÈRES,
L'ARTILLERIE ÉTANT PROTÉGÉE PAR LES VÉLOCIPÉDISTES
EN FAISCEAUX
SUR SES DIFFÉRENTS CÔTÉS.

Remarquons, en terminant que cette bizarrerie a été adressée au Ministre de la guerre.

LE LIVRET MILITAIRE DE L'UNION VÉLOCIPÉDIQUE DE FRANCE

L'Union vélocipédique de France, fondée en 1880 et dont l'existence est aujourd'hui connue de tous les vélocipédistes en France et à l'étranger, décerne depuis quelque temps un livret de renseignements pour l'autorité militaire, pièce constatant les aptitudes et performances du vélocipédiste.

Le but de ce livret est de renseigner les chefs de corps sur les aptitudes vélocipédiques de son possesseur en fournissant les preuves authentiques de ses performances, soit sur route, soit sur piste et surtout de son endurance.

Il est certain que les nouvelles conditions d'admission faites au vélocipédiste militaire modifieront sensiblement l'utilité de ce livret, puisque chaque candidat doit satisfaire à un examen qui jusqu'alors n'était pas exigé.

Dans ce chapitre de considérations générales, nous avons cependant cru devoir mentionner cette excellente idée due à M. Podesta, consul de l'Union au Havre, idée parfaitement accueillie par M. le général Jeanningros qui l'a appréciée en ces termes :

« Quand au livret individuel affecté à chaque veloceman et dont la création est due à votre initiative, les renseignements qu'il contient pourront être utiles aux chefs de corps en leur permettant, dans bien des cas, de choisir des sujets d'élite. Je vous suis donc bien obligé, ainsi qu'à l'Union vélocipédique française, de vos efforts pour fournir un bon contingent de vélocipédistes à l'armée. »

CHAPITRE II

DE LA MACHINE

Du poids de la machine de route. — De la multiplication. — Machines à cadre et à corps droit. — Direction : à douille, à douille à billes et à pivot. — La selle : des modèles ; de la position. — Rayons. — Du guidon. — Le frein. — Sécurité par le frein. — De la chaîne. — Pédales. — Manivelles : de la longueur. — Roues : diamètre. — Jantes : pleine et creuse. — Réglage d'une bicyclette : Ecrous, roues, de l'axe moteur, tension de la chaîne, pédales, tige de selle. — Des accessoires de la machine proprement dits : La trousse, porte-lanterne. — Entretien d'une machine. — Roue voilée. — Autres accessoires : Lanterne, cornet d'avertissement, trousse à écrous. — Equipement et disposition du bagage sur la machine.

Ainsi qu'on l'a vu dans le règlement sur l'organisation du service militaire en France, le seul modèle de machine admis est la bicyclette.

A notre avis on ne saurait trop approuver cette décision.

La bicyclette, instrument bien inférieur comme poids au tricycle, devient au bout de quelque temps d'une très grande facilité à diriger et peut, lorsqu'on sait les aménager, porter de nombreux bagages. En outre, comme on dit communément, elle peut passer partout.

Au point de vue militaire, le genre de bicyclette dont on doit se munir est la *machine dite de route.*

POIDS

Bien que de grands perfectionnements aient été apportés pendant ces dernières années à la construction des bicyclettes, et en dépit de conseils de gens très experts mais qui se placent trop au point de vue de la course, il ne faut accorder qu'une confiance relative aux machines légères.

S'il est vrai qu'on voit des hommes (1) pesant de 90 à 95 kilogrammes monter des machines de 13 à 14 kilogrammes sans que leur monture se brise, il ne faut pas en déduire qu'ils seraient, en route, en parfaite sécurité, surtout si l'on considère que, en outre du poids naturel du cavalier, il convient d'ajouter celui des bagages.

Or, une bicyclette de route munie de son frein et des garde-boue devra peser au minima 17 à 18 kilogrammes, concession très grande déjà que nous faisons aux amateurs de machines légères. Ce poids permet à un constructeur consciencieux de fabriquer une machine véritablement solide et sur laquelle on peut s'aventurer sans aucune appréhension.

MULTIPLICATION

Tous les vélocipédistes savent résoudre aujourd'hui ce problème de la transmission mécanique au moyen de roues dentées ou pignons qui dotent la machine de la vitesse qu'on veut lui donner en tenant compte du plus ou moins de force qu'il sera nécessaire d'employer.

Pour connaître la multiplication d'une roue de bicyclette ou de tricycle commandée par une chaîne, on multipliera le nombre de dents du grand pignon fixé sur l'axe des pédales par le diamètre de la roue motrice, puis on divisera le produit obtenu par le nombre de dents du petit pignon fixé sur le moyeu de la roue motrice.

(1) Un sportman bien connu, M. R. de Kynff, directeur de la *Revue des sports* et qui pèse 97 kilogrammes, ne monte que des machines légères.

Ainsi le grand pignon d'une bicyclette ayant 18 dents, le petit pignon 10 dents et le diamètre de la roue motrice mesurant $0^m,75$, la machine sera multipliée à $1^m,35$.

$$\frac{18 \times 0^m,75}{10} = 1^m,35$$

Ce calcul, exact en théorie, présente souvent, en réalité, un petit écart dont il faut tenir compte.

Ce qu'il est plus intéressant encore de connaître, c'est l'influence de cette multiplication pour parcourir sans fatigue une longue route.

Bien que les Terront, Mills, Vigneaux (1) et bien d'autres aient parcouru de longues distances avec une machine de haute multiplication, accomplissant plutôt des tours de force sportifs que des expériences utiles au tourisme en tant que qualités physiques, une multiplication rationnelle s'impose à la bicyclette du vélocipédiste militaire, qui n'aura que rarement à parcourir plus de 90 kilomètres dans un pays dont seule sa carte peut lui révéler les accidents de la route.

Un auteur très apprécié et auquel nous avons fait de nombreux emprunts pour notre livre, M. le baron Javon de Baroncelli, qui a parcouru en bicycle toutes les routes de France et fait de longues excursions à l'étranger, conseille une multiplication de $1^m,30$.

Nous pensons que cette multiplication est trop basse et qu'il convient de l'adopter à $1^m,45$. Cette mesure permet à la fois de monter les côtes sans fatigue et de réaliser

---

(1) Terront, de Bayonne, vainqueur de la course Paris-Brest, le 6 septembre 1891, a couvert la distance, soit 1.196 kilomètres, en 72 heures, marchant à raison de 16 k. 60 à 1 heure.

Mills, Anglais, vainqueur de la course Bordeaux-Paris, le 25 mai 1891, a couvert la distance, soit 577 kilomètres, en 26 h. 34 m. 57 s., marchant à raison de 22 kilomètres à l'heure.

Vigneaux, de Paris, vainqueur de la course Paris-Dieppe, le 5 octobre 1891, a couvert 367 kilomètres en 17 h. 45 m., faisant une moyenne de 21 k. 700 à l'heure.

une vitesse normale en terrain plat. Il est vrai que le mouvement des jambes est répété plus fréquemment, mais avec des manivelles d'une longueur rationnelle; en revanche, l'angle du genou se trouve moins accentué, point essentiel pour éviter la fatigue.

MACHINES A CADRE ET A CORPS DROIT

On pourrait écrire une grosse brochure sur les différents modèles de cadre qui ont été faits depuis que la bicyclette a été adoptée. Jusqu'à cette année, chaque constructeur avait le sien qui le distinguait de son concurrent; mais en 1892 il semble que nos principaux fabricants se soient concertés pour prendre un cadre définitif.

Il y a deux genres : la machine à *cadre* et la machine à *corps-droit* à pivot.

Il serait superflu d'entrer dans de longs détails sur les avantages qu'offre la bicyclette à cadre et sur les inconvénients que présente celle à corps droit.

Ainsi que le dit très justement M. Charley, auteur de l'*Anatomie cycliste* au journal *le Cycle*, le corps représente exactement l'*os*, la *carcasse* d'une machine. Il est formé de tubes d'acier étiré à froid que l'on assemble au moyen d'une brasure. Il va sans dire que, par sa forme, le corps à cadre réalise une grande rigidité, vérité reconnue par tout bon véloceman qui sait, en outre, avec ce modèle, y trouver une place tout indiquée pour un sac de cuir léger, valise en quelque sorte indispensable au touriste.

Avec le corps droit, au contraire, on risque souvent de se trouver démonté par la rupture du tube au pivot, accident fréquent et commun à ce modèle et qu'au point de vue militaire surtout on doit éviter.

DIRECTION A PIVOT, A DOUILLE ET A DOUILLE A BILLES

Des opinions très diverses ont été émises sur le genre de direction des bicyclettes.

Si l'on considère la roue d'avant plutôt comme gouvernail que comme point d'appui, la direction à pivot, qui est d'une très grande subtilité, sera choisie de préférence ; mais, de son côté, quel que soit le point de vue auquel on se place la « tête » à douille, a l'avantage de rendre le cavalier mieux maître de sa direction en lui enlevant l'excès de sensibilité. En outre, elle oblige moins souvent le vélocipédiste à régler la « tête » de sa machine : soin fréquent que la trépidation cause à la direction à pivot.

Quant à la direction à douille à bille, elle est considérée comme un luxe ; cependant le filetage de l'écrou rend très facile le réglage de la tête.

LA SELLE

De toutes les parties qui composent une machine, la selle est certainement l'une des plus importantes.

Il y a deux sortes de selles : celle employée par le coureur et qui est directement fixée à la tige nickelée ; l'autre, la selle à *ressorts*.

Dans les deux systèmes, les modèles de selle sont nombreux et en général sont tous excellents. Mais si un vélocipédiste consulte un touriste sur le choix de la selle, il lui sera presque infailliblement répondu que la selle à ressorts doit être préférée.

Il est incontestable que les petits ressorts fixés sous le cuir et rivés à la membrure et qui sont au nombre de quatre ou de six, placés dans différents sens selon le modèle, rendent dans une certaine mesure la trépidation moins violente, quand, en route, l'on passe sur une bosse quelconque.

Mais une autre question qui trouve également beaucoup de contradicteurs, est la position de la selle.

Doit-on placer la selle de manière à réaliser une position droite sur la machine, ou doit-on la placer en arrière ?

Bien que de l'avis de beaucoup de personnes la selle trop reculée donne au vélocipédiste une apparence quelque peu grotesque, nous n'hésiterons pas à recommander cette position, opinion d'ailleurs partagée, notamment par M. Gaston Cornié qui a publié des travaux très intéressants sur le mécanique cycliste.

Dans la position en arrière on est très bien assis et le corps repose sur l'appui naturel de... l'assiette ; tandis que dans la position en avant, au contraire, le cycliste se troupe à califourchon, les jambes pendantes.

La position en arrière procure encore au cycliste un avantage précieux en le forçant à tirer sur les bras et à faire agir tout le système musculaire, y compris le système dorsal.

Si, jusqu'ici, on y a trouvé quelques inconvénients dans la direction, cela tient uniquement à un manque d'habitude des muscles auxquels on demande un effort nouveau pour eux, et dont on vient facilement à bout dans quelques jours.

Enfin, dernier avantage encore de cette façon de placer la selle, c'est de reporter la majeure partie du poids sur la roue motrice, excellente condition pour un véhicule dont la roue directrice ne doit être qu'un point d'appui et un gouvernail.

RAYONS

Nous ne nous étendrons pas longuement sur la question des rayons qui est pourtant d'une importance capitale dans la solidité générale d'une machine.

Il y a deux genres de rayons employés : le *direct* et le *tangent.*

Mathématiquement — nous pourrions le prouver — le rayon tangent est préférable. Il a encore les qualités suivantes :

Il est facilement renouvelable en cas de rupture et facilite le nettoyage de la machine.

Les constructeurs en général ont, aujourd'hui, adopté le rayon tangent pour la construction des roues.

GUIDON OU GOUVERNAIL

Moins par sa forme plus ou moins gracieuse que par son écartement, le guidon a soulevé dans le monde savant détracteur du vélocipède de nombreuses controverses.

On lui a reproché notamment de comprimer le thorax et, par conséquent, d'entraver le fonctionnement des organes de la respiration.

Cette observation, très juste au début de la construction du vélocipède, serait surannée maintenant. Les constructeurs donnent à leurs guidons un écartement suffisant pour qu'il ne se produise aucun inconvénient de ce genre.

De cela, il résulte donc que, dans tous les cas, l'on doit employer un guidon très large et très ouvert.

FREIN

Le frein est un des organes de la machine à la fois le plus utile et le plus dédaigné. En dehors de la vie militaire, on pourrait dire que la première sottise que fait un véloceman inexpérimenté est, dès qu'il possède une machine, de retirer le frein et les garde-boue.

Cette suppression, sans importance pour une promenade en ville, devient un inconvénient très grave pour un vélocipédiste militaire qui est appelé à parcourir des descentes très inclinées et pour qui le frein est un sûr garant de sécurité.

Il est vrai qu'on lui reproche de couper le caoutchouc creux; mais lorsqu'on sait s'en servir ce reproche n'est aucunement justifié.

Nous conseillons de toujours conserver le frein et de n'appuyer que progressivement sur son levier. De cette manière on évitera l'arrêt brusque au moment duquel se produit souvent la coupure du caoutchouc et la chute qui peut être souvent dangereuse.

CHAINE

On pourrait dire que la chaine est le système nerveux d'une machine. Comme pour l'être animé, cet organe subit les influences extérieures avec une égale sensibilité. Qu'il fasse chaud, la chaine se détend; au contraire, que la température s'abaisse, elle atteint un degré de tension qui peut quelquefois causer sa rupture lorsque la matière employée à sa construction est de mauvaise qualité, ou que les points d'attache de chaque chainon ont été mal exécutés.

Dans le chapitre sur le réglage d'une machine, nous

indiquerons — selon le système de tension de chaîne dont est pourvue une machine — le moyen de calmer ce nerf d'acier.

Les bicyclettes sont pourvues d'une chaîne de systèmes différents au nombre de deux : la chaîne ordinaire (Gall) et la chaîne à *rouleaux*.

On cherche encore à résoudre le problème d'une chaîne insensible aux fluctuations de la température, et jusqu'ici le goût est très partagé dans le choix de l'une ou de l'autre.

Nous recommandons la chaîne à rouleaux qui possède un plus grand nombre d'articulations ; lorsqu'on a soin de bien l'entretenir, ce système offre moins de dureté que l'autre pour l'engrenage sur les dents des pignons.

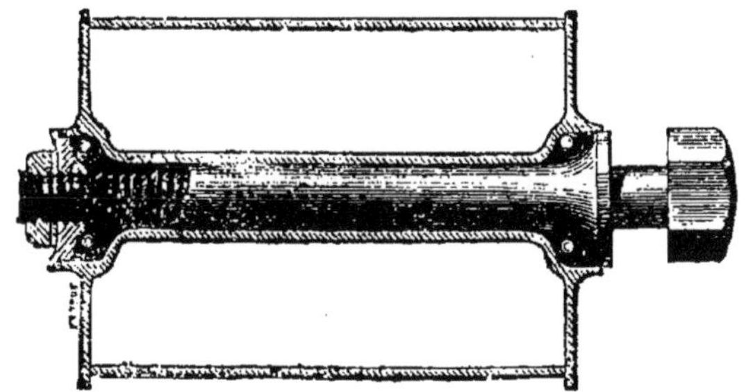

PÉDALE A BILLES AVEC RECOUVREMENT DE L'AXE.

PÉDALES

Il y a deux genres de pédales : la pédale à *scie* et la pédale *caoutchoutée*.

La première est plus légère que l'autre et, ainsi que l'indique son nom, les dents de scie dont elle est pourvue empêchent le pied de la « perdre » en route. Son seul inconvénient est d'abîmer la chaussure sous laquelle chaque dent se fait petit à petit un logement ; elle est universellement employée par les coureurs et, malgré ce défaut, nous la croyons préférable à la pédale caoutchoutée.

MANIVELLES

Comme pour beaucoup de choses du cyclisme, on n'est généralement pas d'accord sur la longueur que doivent avoir les manivelles. Les uns les préfèrent courtes pour éviter l'angle du genou; d'autres sont amateurs des manivelles longues pour réaliser une plus grande vitesse.

Nous avons consulté tous les auteurs expérimentés. En tenant compte des arguments de chacun d'eux, notre appréciation est qu'on doit prendre des manivelles de 15 centimètres comme bonne moyenne. Elles ne dépasseront pas 16 centimètres 1/2 ni ne descendront au-dessous de 14 centimètres.

Quant à la forme d'une manivelle, les modèles en usage ne présentent pas de défectuosités.

ROUES

Actuellement le diamètre des roues d'une bicyclette ne dépasse pas 75 centimètres et n'est pas inférieur à 70 centimètres. Certains vélocemen ont trouvé bon de partager cette mesure et prennent une roue directrice de 75 centimètres et une roue motrice de 70 centimètres.

Au début de la vélocipédie, le diamètre devait être largement envisagé; mais, à l'heure actuelle, qu'une roue ait 70 ou 75 centimètres cela importe peu, étant donnée l'application de la théorie de la transmission des pignons. Il n'y a là qu'une question de fantaisie.

JANTES

Dans l'innombrable quantité de jantes imaginées pendant ces dernières années, il ne faut retenir que les deux principales, les *creuses* et les *pleines*. Quelle est celle qu'on doit choisir ?

Nous n'oserions nous prononcer, car l'une comme l'autre ont donné d'excellents résultats. Les machines de prix ont souvent des jantes creuses; elles sont plus solides et plus légères que les jantes pleines.

RÉGLAGE D'UNE BICYCLETTE

Maintenant que nous avons passé en revue les principaux organes de la bicyclette, il convient de s'occuper de son réglage, opération très minutieuse que l'on pourrait comparer assez justement à celle du harnachement du cheval : un cheval mal harnaché ne vaut pas mieux qu'une bicyclette mal réglée.

Combien de vélocipédistes, pourtant très habiles et bons marcheurs, que nous avons rencontrés aux manœuvres de l'Est, se sont trouvés embarrassés à cause de ce manque d'expérience !

Nous allons donc essayer, en nous inspirant de l'excellent auteur de l'*Anatomie cycliste*, le savant M. Charley, de combler cette lacune dans l'esprit du vélocipédiste militaire.

Le premier regard, pour ainsi dire, du velocipédiste militaire, sur le point de départ, doit être pour sa machine. Toute son attention doit se porter sur les écrous et les vis. C'est là, dit M. Charley, qu'il tâtera réellement le pouls de sa monture. Serrer et desserrer bien à propos un écrou, voilà le talent que doit posséder un cycliste réellement digne de ce nom.

Quel que soit le modèle d'une machine, chacune possède environ une quinzaine d'écrous dont les plus importants sont ceux de la selle, du guidon et des pédales.

Combien de chutes et d'avaries proviennent de ce qu'un écrou de selle ou de roue n'avaient pas été suffisamment serrés à « bloc », c'est-à-dire jusqu'au point où la clé devient impuissante à faire tourner l'écrou sur le pas du boulon.

Il arrive souvent que des roues ayant perdu les écrous n'en continuent pas moins à rouler, mais qu'une ornière se présente et voilà cavalier et machine fortement endommagés.

« La question des écrous, des boulons et des vis est une des plus importantes de la construction vélocipédique. Si l'on savait le nombre d'excursions manquées et, ce qui est plus sensible, la quantité de mains écorchées et de poignets foulés dont la chute d'un écrou est redevable, les cyclistes surveilleraient avec plus de minutie qu'ils ne le font d'ordinaire ces chevilles ouvrières de leur instrument et de leur sécurité. » (Charley.)

On devra aussi s'assurer que les clavettes des manivelles rendent impossible tout jeu de ces dernières sur l'axe du moteur.

Réglage des roues. — Cette opération, d'une très grande simplicité, a constitué longtemps un ennui pour le cycliste même le plus expérimenté; mais, depuis l'adoption des *coussinets à billes*, la difficulté a été vaincue. Le filetage ménagé sur les cônes de l'axe des moyeux permet de les faire avancer ou reculer, selon le cas, et jusqu'à ce que l'on soit arrivé au point où la roue, sans avoir de jeu, roule presque sous la propre impulsion de son poids. Serrez beaucoup, la roue ne tournera plus; desserrez trop, elle dansera entre les fourches.

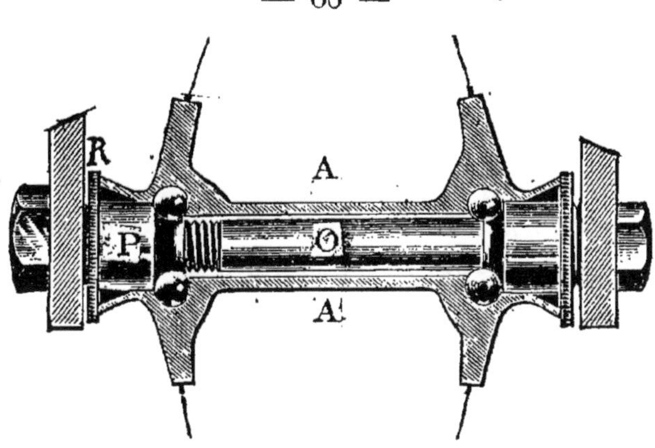

MOYEU DE ROUE D'AVANT.

O. Axe. — P. Cône. — R. Filetage du cône.

De nombreux constructeurs ont modifié le système de réglage des roues. Presque tous emploient un cône mobile et un cône fixe. Le véloceman a donc encore beaucoup plus de facilité, car il n'a besoin que de desserrer un seul écrou, et, d'un petit coup de pouce sur le cône mobile, il parvient, en tâtonnant un peu, à régler la roue.

Le réglage le plus important et certainement le plus minutieux est celui de la roue d'arrière ou motrice. Régler la roue directrice est chose beaucoup plus facile.

« La seule différence qui existe entre ces deux roues consiste dans leur fonction. L'une n'est qu'un support ; elle ne roule que par sa friction sur le sol : les billes n'ont d'utilité que celle d'empêcher, par une résistance nuisible, une déperdition quelconque de la force, de la force produite par l'autre roue, la roue indispensable, celle qui à elle seule est le résumé de toute la machine, puisqu'elle seule *marche*. Elle seule, en effet, entraine tout l'appareil, le cadre, le cavalier et sa camarade de l'avant. »

Un excellent conseil : A l'une comme à l'autre roue ne jamais laisser de jeu. Des velocemen inexpérimentés laissent tant de liberté à la roue motrice qu'elle arrive à une oscillation de 2 à 3 millimètres. Il faut serrer les cônes, ainsi que nous le disons plus haut, jusqu'à ce que la roue ait trouvé son centre de gravité sur l'axe et qu'elle tourne pour ainsi dire d'elle-même.

Réglage de l'axe moteur ou axe des manivelles. — Ici, l'axe qui dans les roues sert de point de rotation, immobile, au moyeu, est au contraire mobile dans un moyeu immobile. Le moyeu, en effet, est partie intégrante du cadre, généralement fabriqué non en acier, mais souvent en bronze de fusil : l'axe tourne au milieu du moyen alors que, dans les roues, c'est le moyeu qui tourne autour de l'axe.

Il possède à l'une des extrémités un cône de réglage des boîtes à billes, muni d'un filetage que l'on prend entre le pouce et l'index. Comme pour les roues, il importe qu'il n'existe pas de jeu, conseil sur lequel nous ne saurions trop insister. Cet organe est un de ceux qui travaillent le plus activement et nécessite par conséquent le plus de soin.

Tension de la chaine. — Ainsi qu'on l'a vu au paragraphe sur la chaîne, cet objet est d'une excessive sensibilité. La chaîne, surtout dans un service comme celui auquel est appelé le vélocipédiste militaire, se détendra fréquemment.

Pour la régler, selon que le système de tension se trouve placé à l'intersection des tubes au moteur ou à la roue d'arrière, le veloceman procédera différemment.

La tension au moteur semble plus pratique, mais, à notre avis, nous préférons le système placé à la roue d'arrière, bien que ce système oblige à desserrer les deux écrous pour reculer la roue.

Avec le système « excentrique », adopté par la maison Clément, et les plaques mobiles faisant également excentrique de l'ingénieur Rochet, l'opération de la tension de la chaîne devient un jeu d'enfant. Sur ces plaques, un nombre de trous égal sur chacune a été ménagé, et le vélocipédiste n'a qu'à placer chaque plaque au trou correspondant pour que la roue reprenne immédiatement la place qu'elle doit occuper sur les points d'appui du cadre.

La chaîne ne devra pas être tendue complètement pour que ses articulations puissent jouer convénablement; il faut, au contraire, qu'elle soit légèrement détendue.

Lorsqu'il fait froid, si la chaîne n'est pas détendue outre mesure, nous conseillons, pour éviter l'ennui de la régler, de répandre quelques gouttes d'huile ou de pétrole sur chaque rivet. La chaîne reprendra une tension à peu près normale.

Réglage de pédales. — Les pédales sont pourvues généralement de billes et, par conséquent, d'un cône avec filetage au moyen duquel on rétablira un roulement normal.

De la tige de selle. — La tige de selle qui, dans tous les cas, doit être fixée avec soin au moyen de son écrou de serrage, s'engage dans le tube de la machine et peut être élevée et abaissée à volonté selon l'entre-jambes du cavalier.

Elle doit être fixée de manière que le pied appuie bien sur la pédale et que l'on ne soit pas obligé d'allonger complètement la jambe. En vitesse, lorsque la tige de selle est trop élevée on perd facilement pédale, inconvénient que l'on doit toujours éviter.

DES ACCESSOIRES DE LA MACHINE PROPREMENT DITE

La trousse. — Dans son véritable cours de dissection cycliste à la portée de tout le monde, l'inépuisable Charley porte au nombre de quatre les outils indispensables au vélocipédiste et qu'en aucun cas sa sacoche ne doit oublier : une *clé anglaise*, une *clé trouée*, un *tournevis* et une *burette*.

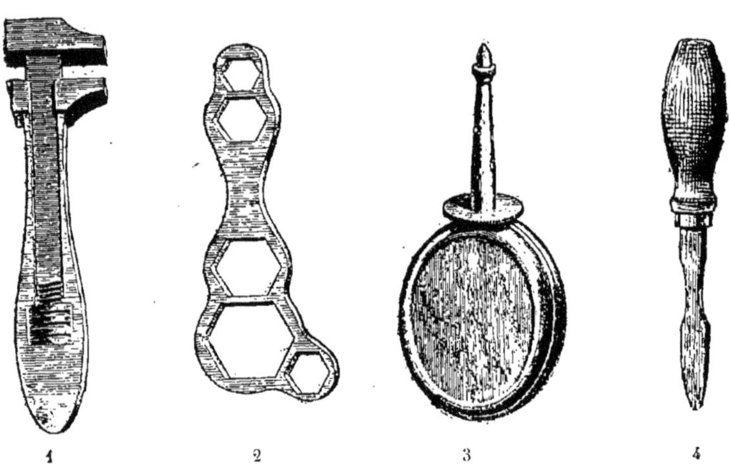

1 2 3 4

« Avec ce petit trousseau nous passerons partout, dans les plus compliqués ajustages des tandems et dans le plus simple clavetage d'une manivelle. Encore faut-il savoir se servir de ses outils et n'être pas obligé, comme le font quelques cyclistes, de traîner avec soi sous forme de clés calibrées, de clés en tête de pipe, etc., 1 kilogramme de ferraille ! Il est peut-être à propos, avant de les prendre en mains, d'examiner ici chacun de ces quatre instruments et d'apprendre notre trousse avant d'opérer. »

Nous ajouterons que la clé anglaise doit être préférée à n'importe quelle clé. Elle s'adapte à tous les écrous, mais il faut s'en procurer une en acier pur et bien trempé ! Le commerce en livre à très bon marché qui, au bout de quelque service, ne tardent pas à se fausser et à devenir même dangereuses pour les écrous dont elles arrondissent les pans. Ces clés sont en fonte d'acier et doivent être absolument délaissées. La trousse sera aussi complétée d'un flacon d'huile et d'un flacon de pétrole — vivres de réserve de la machine — et que l'on fera remplir au fur et à mesure, de manière qu'elles soient toujours pleines.

Du porte-lanterne.— Le porte-lanterne est placé ou à la fourche d'avant ou en face de soi, près du guidon. Dans le premier cas, il est mobile et, dans les autres cas il est mobile également ou fait corps avec le cadre.

L'expérience nous oblige à dire qu'on le placera de préférence en face de soi devant le guidon en inclinant un peu la lanterne pour qu'elle éclaire à la fois la route à quelques mètres devant la roue et qu'elle puisse être aperçue des rouliers et des confrères cyclistes qu'on est appelé à rencontrer.

Placée à la fourche d'avant, il arrive fréquemment que l'on heurte la lanterne, ce qui est très désagréable, étant donné qu'on ne possède qu'une lanterne sur la machine. On a deux clés, mais on n'a jamais deux lanternes.

DE L'ENTRETIEN D'UNE MACHINE

Les trois parasites de la bicyclette sont la poussière, la boue et la rouille qu'il faut absolument combattre si l'on veut assurer la durabilité et la sécurité d'une machine.

Le chapitre sur ce sujet dans l inestimable ouvrage de M. de Baroncelli sur la *Vélocipédie pratique* m'a paru le plus complet qui ait été fait et nous y ferons de larges emprunts dont profitera le vélocipédiste militaire.

On doit commencer par enlever avec un chiffon le cambouis formé autour des frottements; épousseter ensuite, retirer avec l'éponge les éclaboussures de boue, puis on essuiera avec la peau humide et on terminera avec la peau sèche pour les parties nickelées.

S'il a fait très mauvais temps et que la machine soit couverte de boue, on lavera d'abord à grande eau en détachant la boue au moyen d'une brosse spéciale, dite *passe-partout;* on séchera le plus gros avec un torchon, en essuyant aussi les jantes et les cercles des roues, puis on enlèvera le cambouis des frottements. Finir de sécher avec la peau humide et terminer avec la peau sèche.

En voyage, on peut se dispenser de laver tous les jours; mais on devra chaque matin, avant le départ, enlever le cambouis des frottements et la boue déposée la veille sur les parties nickelées en les laissant ensuite un peu grasses.

Chaque pansage ne devra jamais être remis au plus tard le lendemain d'une sortie.

Quand on jugera utile un nettoyage intérieur des coussinets, il suffira de les inonder de pétrole.

On remplira une burette de pétrole et on la videra dans chaque coussinet en faisant tourner la roue en l'air.

Le pétrole sortira noir et, à mesure que les frottements se nettoieront, il sortira clair. Quand on verra que le pétrole sort tel qu'on l'aura mis, on aura la machine nettoyée. On fera ensuite un nettoyage minutieux avec un chiffon doux. Le pétrole que l'on étendra ainsi partout aura l'avantage d'enlever les taches d'huile et de poussière sur les parties nickelées ou émaillées de la machine; un essuyage vigoureux à sec avec la peau donnera un luisant parfait et le vélocipède aura l'aspect du neuf.

Même opération pour les pédales à billes ou ordinaires tant pour le nettoyage que pour le graissage.

Si l'on se sert de son instrument de suite après le nettoyage, on le graissera comme de coutume, sinon il est inutile de le graisser pour le laisser en repos.

Pour le graissage, il suffit d'une goutte d'huile dans chaque coussinet et partout où il y a un frottement quelconque. Ne jamais graisser les pédales et les coussinets par les côtés, mais par les trous de graissage qu'on refermera soigeusement.

L'excès de graissage est inutile; toutefois il ne saurai

être aussi nuisible que l'oubli ou le manque de soins dans cette opération.

Par les temps de pluie, quand la boue est liquide, il taudra remplir d'huile les *coussinets et surtout le* moyeu de la petite roue, pour éviter l'introduction de l'eau dans les *boîtes à billes.*

Les chaînes doivent être graissées environ tous les *quinze jours et plus souvent si on les* voit sèches; on les nettoiera au pétrole quand elles seront un peu encrassées par la poussière et l'huile.

Il arrive parfois que les caoutchoucs se décollent et sortent de la jante. On recollera facilement les caoutchoucs soit en approchant la roue du feu de manière à faire fondre la colle qui se trouve à l'intérieur de la jante, soit, si les ressources du pays le permettent, en laissant lécher la jante par la flamme d'une lampe à souder.

Dans le cas où l'un et l'autre de ces auxiliaires manqueraient, ligotter le caoutchouc au moyen de ficelle en faisant des points d'attache là où le caoutchouc sera décollé.

ROUE VOILÉE

Je trouve dans le *Vade-Mecum du veloceman* une excellente manière de redresser une roue voilée, accident qui arrive souvent lorsqu'on possède une machine de mauvaise construction.

Lorsque la roue est voilée et que les rayons ne sont pas cassés, placez-vous en face le moyeu, mettez la tête et un pied contre les parties faussées en dehors, prenez avec les deux mains les parties faussées en dedans et tirez un coup sec sur vous. A moins que la jante ne soit aplatie ou pliée à sec, elle ressautera à sa place et vous pourrez vous remettre en route après avoir serré quelques rayons trop détendus au moyen du petit instrument nommé *serre-rayons* et que nous conseillons de joindre aux quatre outils rudimentaires de la sacoche.

Certes on ne parviendra pas avec ce moyen à rendre la roue absolument droite, mais elle permettra au moins d'accomplir le trajet qu'on aura à faire ou d'arriver dans une localité où l'on trouvera un mécanicien.

ACCESSOIRES AUTRES QUE CEUX DE LA SACOCHE A OUTILS

Un vélocipédiste militaire, en raison de sa qualité même, aura un bagage certainement supérieur à celui du touriste. Il doit donc par conséquent éviter de surcharger et son individu et sa machine, limiter le plus possible ses accessoires et se borner à ne porter que les plus indispensables.

Indépendamment de ceux contenus dans sa sacoche à outils, nous déterminons ainsi ceux dont il doit se munir :

Une lanterne ;
Un cornet d'avertissement ;
Une petite trousse qu'il placera dans sa sacoche à outils et qui contiendra des écrous et vis de rechange ainsi que des clavettes de manivelles qu'il aura soin de demander en double au constructeur ou au chef armurier.

LA LANTERNE

Pour un vélocipédiste militaire, la lanterne est d'une utilité beaucoup plus grande encore que pour le touriste.

En dehors de son service de nuit, pendant lequel on pourrait dire qu'elle remplit le rôle d'un troisième œil qui doit rester toujours ouvert, c'est-à-dire allumée, dans les cantonnements, dans les postes de police — on a vu cela aux manœuvres de l'Est, où souvent il est arrivé que la lanterne du veloceman constituait la seule lumière du poste — elle devient d'une absolue indispensabilité au vélocipédiste militaire soit pour découvrir sa couche sans marcher sur les pieds des camarades de l'escouade, soit pour la lecture de la carte ou des suscriptions des ordres.

Il y a deux lanternes diversement appréciées : celle à *bougie* et la lanterne à huile.

Bien que l'entretien de cette dernière lui fasse souvent préférer la lanterne à bougie, nous la recommandons cependant aux vélocipédistes militaires parce qu'on ne trouve pas toujours de la bougie là où on est cantonné et que n'importe quelle huile, en général, brûle parfaitement et est très facile à se procurer.

Nous pourrions raconter de nombreuses anecdotes sur le rôle qu'a joué la lanterne du vélocipédiste pendant les manœuvres de l'Est et nous ne dirons que ceci : Lorsqu'on l'allumera la nuit dans une grange ou dans un fournil quelconque, prendre de grandes précautions pour éviter un incendie.

CORNET D'AVERTISSEMENT

Le grelot, si utile dans les rues d'une grande ville, ne vaut certainement pas le cornet pour un vélocipédiste militaire qui est appelé à parcourir plusieurs fois la profondeur d'une colonne. Il s'en sert utilement aussi pour prévenir les conducteurs des voitures régimentaires qui ne marchent pas toujours sur le côté de la route et occupent souvent entièrement les petites routes.

En outre, les commandants des différentes fractions dans le service de marche, montés ou à pied, sont habitués maintenant à son appel un peu criard qui les avertit de la présence d'un vélocipédiste porteur d'ordres et commandent eux-mêmes à leurs hommes de lui faciliter le passage.

A ce propos, il est bon de recommander de ne pas abuser de cet instrument; sa musique bizarre cause souvent aux chevaux une certaine peur et les fait rejeter sur le talus de la route (1).

ÉQUIPEMENT ET DISPOSITION DU BAGAGE SUR LA MACHINE

Vélocipédiste militaire et touriste doivent entrer sur bien des points encommunion d'idées. En ce qui concernè l'équipement de la machine, du bagage proprement dit, ce bagage ne doit pas sensiblement différer pour tous les deux.

Nous placerons dans l'ordre suivant les accessoires strictement nécessaires :

1° La sacoche à outils de dimensions ordiniaires (de 20 × 10 centimètres).

2° Une sacoche plus petite pour écrous de rechange 16 × 8 centimètres.

3° Un sac en cuir léger de la dimension du cadre triangulaire de la machine et que l'on fixera au moyen de courroies.

4° Un sac en toile imperméable de forme rectangulaire ayant les dimensions suivantes : profondeur, 23 centimètres; largeur, 18 centimètres; épaisseur, 7 centimètres.

---

(1) Aux manœvres de l'Est, le lieutenant-colonel Coustis de la Rivière, du 95e, qui montait une bête capricieuse et qui a mis plus de huit jours à s'habituer à la promiscuité du vélo, a failli être victime de plusieurs accidents, bien que cet officier soit un excellent cavalier.

On placera la sacoche à outils sur le guidon e..tre ce guidon et le porte-lanterne.

La sacoche plus petite sera suspendue en arrière de la selle.

Le sac en cuir contiendra des effets de rechange (chemise de flanelle, chaussettes ou bas, serviettes, vivres, objets rudimentaires pour la toilette et de la plus petite dimension qu'on pourra trouver ainsi que les produits pharmaceutiques strictement recommandés par l'hygiène).

Enfin fixés également sur le guidon, la base reposant sur le tube horizontal du cadre, et tout à fait à portée de la main, le sac en toile imperméable et dans lequel on placera les plis à porter, les cartes, guides, enfin toutes choses dont on est appelé souvent à se servir (1).

Tels sont, à notre avis, les accessoires strictement indispensables triés au milieu du nombre toujours croissant que les constructeurs inventent chaque jour et dont quelques-uns sont absolument inutiles et nuisibles.

---

(1) Il est à remarquer que ce sac, d'un poids excessivement léger, permettrait de supprimer les deux énormes et gênants portefeuilles en cuir jaune portés en sautoir l'un sur le côté gauche, l'autre sur le côté droit, et que les militaires dans leur langage imagé nomment « armoires à glace ».

CHAPITRE III

DU ROLE DU VÉLOCIPÉDISTE MILITAIRE

Service de la correspondance. — Service de renseignements. — Service de la télégraphie optique. — Importance du service de reconnaissance : avantages et inconvénients du vélocipède. — Concours du *Matin*. — Estafette et éclaireur. — Services éventuels du vélocipédiste militaire Homme de communication. — Service des reconnaissances ordinaires. — Recherche de l'ennemi. — Ressource d'un village. — Configuration du terrain. — Rapport de reconnaissance. — Rôle du vélocipédiste en manœuvres : Service de jour. — En colonne. — Arrivée au cantonnement. — Indications utiles pendant le combat. — De la réception et de la remise d'un pli. — Service de nuit. — De la praticabilité des routes.

Si longue qu'ait été, pour ainsi dire, la période de gestation de la vélocipédie militaire, la publication du règlement vient montrer l'inanité des arguments employés jusqu'alors par les esprits réfractaires à cette application.

Cependant il ne faut pas, ainsi que l'on a fait en Angleterre, pousser à l'exagération un moyen incontestablement riche en ressources et accorder au vélocipédiste militaire des attributions qu'il ne saurait remplir.

En France on s'est borné, jusqu'ici, à un service de porteurs d'ordres ou de dépêches ; on ne lui a donné, en somme, que le rôle d'estafette, mais certains auteurs ont vu d'autres missions à lui confier et l'un d'eux, notamment, M. Hennequin, a divisé ainsi les services que, dans son esprit, le vélocipédiste est appelé à rendre : *service des renseignements, service de la correspondance, service de la télégraphie optique.*

Nous étudierons successivement ce qu'on est en droit d'attendre du vélocipédiste à ces différents points de vue mais notre conviction personnelle nous oblige à dire que les plus grands services ne seront guère rendus qu'en tant qu'estafette, jusqu'au moment où, triomphant enfin du préjugé qui règne encore quelque peu, sur le vélocipède, on arrivera à confier à un officier ou à un sous-officier instruit cycliste la délicate et intelligente mission des « reconnaissances ».

S'assurer de la présence d'une troupe amie ou ennemie et des qualités ou défauts de la position qu'elle occupe, examiner à la fois les ressources et les dangers d'un terrain, d'un village, d'un pays, enfin aller à la découverte, sont toutes choses de l'art militaire proprement dit, bien définies dans le service des armées en campagne, qu'on apprend à tous les soldats, mais qui, en temps de guerre, deviennent des points d'une importance capitale et dont l'examen n'est pas confié aussi facilement qu'au cours d'exercices ou de manœuvres.

Or, en admettant même, ce qui arrivera incontestablement, que les officiers se servent du vélocipède pour l'exécution d'ordres de cette nature, peut-on dire en toute conscience que, quant à présent, le vélocipède se prête facilement à cette opération ? Assurément non.

Au moyen d'une machine — monture quelquefois très capricieuse — on peut en très peu de temps parcourir une grande distance et se trouver soudain démonté ou dans l'impossibilité d'utiliser cette monture ; obligé de la cacher et de se soustraire soi-même à une vue dangereuse. Sans doute on réussira souvent ; mais qu'arrivera-t-il lorsqu'on se sera aventuré, sans s'être rendu compte scrupuleusement que les inconvénients auxquels est subordonné un vélocipède n'existent pas au départ et ne se produiront pas une fois en route alors qu'on sera éloigné de tous les secours qui peuvent obvier à ces inconvénients !

On a vu ce qui s'est passé dans l'expérience de vélocipédie militaire organisée par le journal le *Matin*. Sur cent soixante-dix-sept concurrents qui avaient un parcours d'environ 80 kilomètres à accomplir, combien, en raison de la pluie qui avait détrempé les routes et rendu la marche sinon impossible du moins très difficultueuse, ont pu arriver à un résultat satisfaisant ?

Trois ou quatre à peine qui ont ou fait le trajet en plus de temps que n'en comportait le concours ou donné des rapports incomplets.

Certes — militairement — on n'a pas l'habitude de s'arrêter aux difficultés de la route : il faut obéir, marcher quand même et lorsqu'on est bon soldat on doit arriver. Mais puisqu'il s'agit d'étudier ici la qualité du vélocipédiste militaire, qu'on ne soit donc pas surpris de ces observations faites certainement à regret et avec la plus grande bonne foi.

Je ne suis pas le seul d'ailleurs qui professe une telle manière de voir. Entre autres écrivains autorisés je peux citer ici M. Maurice Lombard, rédacteur au *Véloce Sport* de Bordeaux :

« Pourquoi faire, dit-il, deux catégories : estafettes et éclaireurs ?

» Croyez-vous qu'un colonel prendrait un cycliste pour aller pousser une reconnaissance dont dépendra le sort d'une compagnie ou d'un escadron ? »

De cela il semblerait donc résulter qu'on ait, quant à présent, agi sagement en limitant le service vélocipédique exclusivement à la correspondance.

Nous tombons alors dans un vaste sujet d'étude, le seul qui soit à envisager aujourd'hui et qui, de toute manière, sera le plus important si l'on conçoit que les vélocipédistes militaires estafettes doivent être plus nombreux que leurs camarades les éclaireurs.

En ce qui concerne l'utilisation du vélocipédiste militaire au service de la télégraphie optique si diversement appréciée par des officiers compétents, nous ne croyons à aucune utilité pratique surtout depuis les progrès de l'aérostation.

Du reste, quels que soient les rôles qui sont ou seront attribués dans l'avenir au cycliste militaire, — qu'il appartienne à l'infanterie ou à la cavalerie, — il est avant tout de nombreuses exigences auxquelles se trouve soumis le soldat monté sur un vélocipède, lesquelles, dans tous les cas, doivent être envisagées par lui s'il veut exécuter bien l'ordre qui lui sera donné.

En première ligne vient la machine, point essentiel, ensuite une connaissance suffisante de la manière de parcourir les routes sans fatigue ; une habitude de la lecture des cartes, enfin toutes choses qui peuvent être ignorées d'un soldat ordinaire armé simplement de son fusil et parcourant à pied ou à cheval la route et qui sont d'une impérieuse nécessité à connaître pour le vélocipédiste militaire.

SERVICES ÉVENTUELS DU VÉLOCIPÉDISTE MILITAIRE

UTILISATION DU VÉLOCIPÉDISTE MILITAIRE COMME HOMME DE COMMUNICATION

Bien que notre modeste connaissance de l'art militaire ne nous permette pas de donner des conseils, nous avons trouvé bon de relever quelques indications que nous laissons à l'appréciation d'officiers dont nous sommes à la fois l'admirateur respectueux et le plus humble subordonné.

Dans le chapitre sur le rôle du cycliste militaire, nous

avons émis l'idée que le vélocipédiste militaire instruit pourrait peut-être être appelé à rendre d'autres services que ceux réservés à sa simple qualité d'estafette.

Ne pourrait-on pas, dans le service de sûreté, s'en servir comme homme de communication quel que soit l'effectif en marche ?

Nous n'ignorons pas qu'une avant-garde est habituellement composée de fractions constituées dans la proportion d'un tiers ou d'un quart de l'effectif de la colonne et que, par exemple, dans la marche ou la cavalerie fournit les *patrouilles de découverte*, le rôle du vélocipédiste militaire deviendrait presque nul.

Cependant y a-t-il une indication utile? Nous laissons cela à l'expérience des officiers généraux.

Mais où il nous semble qu'un vélocipédiste militaire peut être de quelque utilité, c'est dans le service de sûreté d'un régiment comme homme de communication.

Le rôle des hommes de communication est de servir d'intermédiaires entre les différents échelons : ils signalent les arrêts, les départs des fractions placées en arrière ou en avant d'eux, transmettent les signaux. A un embranchement ils indiquent, en s'arrêtant, la nouvelle direction de la marche.

Bien que les hommes de communication ne doivent jamais être employés pour transmettre les ordres ou les nouvelles fournies sur l'ennemi, et en admettant qu'on maintienne cette prescription pour lui, le vélocipédiste militaire, par la rapidité de sa marche, ne paraît-il pas pouvoir remplir ces différents services aussi insignifiants qu'utiles?

Comme homme de communication, il peut, en outre, recevoir les nouvelles recueillies par les patrouilles et flanc-gardes et les porter promptement à l'officier commandant. De plus, il supprimerait, dans ce service, les signaux qui ne sont pas toujours aperçus et quelquefois mal interprétés.

RECONNAISSANCES

Lorsqu'on aura décidé d'employer le vélocipédiste militaire dans le service si important des reconnaissances, il devra se bien pénétrer des instructions suivantes que nous trouvons le mieux résumées dans l'excellent ouvrage du lieutenant Reynès, le *Guide de l'Instructeur*.

Nous ferons remarquer que nous n'envisageons cet emploi du vélocipédiste militaire que pour un régiment, n'ignorant pas que les reconnaissances ordonnées par un général commandant un corps d'armée, une division et une brigade disposent d'auxiliaires autrement préférables à un vélocipédiste militaire si instruit qu'il soit. C'est dire que nous ne parlerons que des *reconnaissances ordinaires*.

Les reconnaissances ont pour but : 1° de rechercher l'ennemi ; 2° de se renseigner sur les ressources d'un village ; 3° d'étudier la configuration du terrain.

RECHERCHE DE L'ENNEMI

Parmi les nombreux moyens indiqués dans les ouvrages militaires pour arriver soit à découvrir l'ennemi, soit à connaître ses projets — autres que l'arrestation des espions, des prisonniers, des déserteurs, points qui relèvent de la sagacité d'un homme, — il est des indices certains parmi lesquels on peut distinguer les suivants :

1° Ceux que l'on entend : le bruit des armes, des voitures, de la cavalerie en marche, les aboiements prolongés des chiens, les claquement de fouets, etc. ;

2° Ceux que l'on voit : les nuages de poussière, leur

intensité et leur direction, le reflet du soleil sur les armes, les feux de bivouac, les traces de pas d'hommes ou de chevaux, etc.

Il faut se méfier cependant des ruses de l'ennemi. Pour cacher sa marche, une troupe traîne parfois derrière elle un large balai de branchages destiné à effacer les traces, ou bien elle amorce à droite ou à gauche de la route une fausse direction. On fait croire qu'une ligne est occupée en faisant dépasser quelques baïonnettes au-dessus d'une haie, ou des tuyaux de poêle au-dessus d'un retranchement. On se sert de l'uniforme, des sonneries, des signaux de l'ennemi pour approcher l'adversaire et l'attirer dans une embuscade.

Pour reconnaître l'occupation d'un village, il vaut toujours mieux faire la reconnaissance en arrière du village qu'en avant.

Dès qu'on aura aperçu l'ennemi, on en rendra compte, après avoir tenté de faire un prisonnier.

RESSOURCES D'UN VILLAGE

Un village de très médiocre apparence présente toujours, au point de vue de l'armée, des ressources multiples que l'on peut découvrir soi-même en allant à la découverte ou que l'on peut se faire révéler par les habitants, notamment par le maire, le curé et le maître d'école.

Le premier point dont on doit s'occuper est le logement. On s'assurera de l'étendue des granges, étables, fournils, de l'importance des maisons d'habitation qui peuvent fournir des cantonnements pour la troupe, de la proximité et de la nature de l'eau des fontaines et des mares ; de la largeur et de la disposition des rues.

On prendra note tout d'abord des bâtiments plus ou moins élevés dont l'aspect semble devoir présenter le plus de ressources en logement, tels que les églises, mairies, châteaux, grandes fermes, et de la distance qui sépare chacune de ces constructions du village où la colonne pourra stationner.

On se renseignera également sur les ressources que le village présente tant en vivres pour les hommes qu'en nourriture pour les chevaux : pommes de terre, farine, pain, viande fraîche ou salée, légumes, petits vivres, sel, café, sucre, avoine, orge, paille, foin, meules de paille ou de foin.

On se rendra compte aussi du nombre des animaux sur pied : bœufs, moutons, veaux, vaches, porcs.

On cherchera à savoir si les moyens de transport sont nombreux en tâchant d'estimer le nombre de chevaux de selle et de trait, de mulets, d'ânes, de voitures ou de charrettes que possède la localité.

CONFIGURATION DU TERRAIN (1)

L'étude du terrain doit être faite au double point de vue des accidents de sa surface, des voies de communication, des cours d'eau et des cultures ainsi que de la facilité d'un déploiement de troupes et de la facilité des communications.

Hauteurs. — Nature, direction, relief approximatif, pentes (accessibles aux diverses armes), vallée ou vallon. Communications (chemin, sentiers, cols ou points de passage naturels).

Bois. — Position générale (forme, saillants, etc.). Dimensions (large, profond, peut être tourné, etc.). Abords

(1) Voir le chapitre sur la lecture des cartes et la topographie. Nous ne parlons ici que des points sur lesquels doit se porter l'attention du chef d'une reconnaissance et non sur l'instruction qu'il doit posséder pour l'examen de ces points.

(obstacle en avant). Front (fossés). Flancs (ravins). Intérieur (taillis, futaie, clairières, chemins). Derrières (positions avantageuses).

Sources. — Eau potable, débit, son éloignement, accès facile.

Cours d'eau. — Direction générale, largeur, profondeur, vitesse, nature du fond, qualité des eaux, forme des rives; crues, îles, ponts, leur nature, points favorables à un passage, gués, glace (épaisseur).

Voies de communication. — Direction générale de la route. Où aboutit-elle? Sa classification. Forme du terrain en avant ou sur les côtés.

Lieux habités, ponts, défilés que l'on rencontre, embranchements de la route, leur direction, etc. La route est-elle suivie d'un fil télégraphique?

Défilé. — Sa longueur, sa largeur, direction droite ou sinueuse, terrain en avant et en arrière, flancs accessibles ou flancs inaccessibles, etc.

Chemin de fer. — D'où vient-il? où va-t-il? Nombre de voies, stations principales, embranchements, tunnels, passages à niveau, ponts et viaducs, facilité pour détruire ou réparer la voie.

Dimensions des gares, magasins, quais d'embarquement, approvisionnement en charbon, en matières, etc.

Nous n'avons fait qu'indiquer ici les points sur lesquels l'attention doit se porter. Un vélocipédiste militaire chargé d'une reconnaissance doit montrer une sagacité personnelle et compléter dans une plus grande mesure les détails de ces renseignements.

Ainsi pour les ponts, par exemple, il se rendra compte de leur construction : sont-ils en bois, en pierre ou en fer? Dans une gare il verra s'il y a un dépôt de machines, etc.

e RÉGIMENT.

e BATAILLON.

e COMPAGNIE.

e SECTION.

Expédié le à
Arrivé le à

Rapport de reconnaissance.

Patrouille de reconnaissance commandée par X...

Composition............		1 sergent, 1 caporal, 10 hommes.
Itinéraire (indiquer seulement le point de départ, le point de l'arrivée et la direction générale suivie).		
Heure de départ... .... Heure d'arrivée.........		
Direction générale suivie.		
Renseignements recueillis.	1o sur l'ennemi.	
	2o sur le terrain.	
Evénements............		

(Signature).

ROLE ATTRIBUÉ ACTUELLEMENT AU VÉLOCIPÉDISTE MILITAIRE EN MANŒUVRES

Il ne nous appartient pas d'entrer dans des considérations critiques sur l'affectation des vélocipédistes militaires aux différentes unités. La commission, présidée par M. le général de Boisdeffe, s'est entourée à cet égard de renseignements suffisants pour une répartition efficace, et nous ne saurions trop reconnaître ici la sage mesure du règlement qu'elle a élaboré.

Les vélocipédistes militaires sont actellement répartis dans les quartiers généraux attachés au commandant d'une armée, d'une division, d'une brigade et d'un régiment; quel que soit le nombre affecté à chacune de ces autorités, le rôle du vélocipédiste militaire n'en reste pas moins le même, et on peut définir ainsi les attributions de son service :

SERVICE DE JOUR ET SERVICE DE NUIT. — Que ce soit le jour ou la nuit, le service varie peu pour les diverses catégories de vélocipédistes militaires, depuis ceux employés au corps d'armée jusqu'à ceux attachés au colonel de leur régiment. Seuls ces derniers, aux manœuvres de l'Est, semblent avoir eu à accomplir plus souvent que les autres des missions répétées plus fréquemment en raison du nombre restreint dont disposaient quelques chefs de corps.

SERVICE DE JOUR

Dans les corps de troupe, avant le départ pour les manœuvres, au rapport, les hommes de la réserve qui auront été admis en qualité de vélocipédistes militaires sont désignés pour être affectés soit à un général, soit au colonel du régiment auquel ils appartiennent.

A partir de ce moment, une mutation s'opère : ceux désignés pour les quartiers généraux, services des divisions ou des brigades, sont dirigés respectivement vers le lieu indiqué et jouissent de la solde spéciale. Ceux qui restent à leur régiment sont attachés au colonel, au médecin-major et, selon le cas, précèdent ou suivent la colonne.

SERVICE EN COLONNE

Nous prendrons comme point de départ, en manœuvres, le matin, c'est-à-dire le moment où le vélocipédiste militaire quitte son cantonnement pour marcher soit avec la colonne s'il est attaché à son régiment, soit avec l'escorte du général auquel il aura été affecté.

On sait qu'en manœuvres, des ordres de la dernière heure — soit que l'unité à laquelle on appartient prenne part à l'action qui aura lieu dans la journée, soit que cette unité n'ait pas à donner — changent complètement l'itinéraire à suivre.

Dès que l'ordre du départ aura été donné, que le vélocipédiste militaire ait été de garde la veille ou qu'il ait couché à son cantonnement ou logement, il doit, sans perdre de temps, rejoindre le chef auquel il aura été affecté.

Dans un pays où des troupes de différentes armes auront été cantonnées, il lui sera toujours facile de se rallier, car généralement, en partant, chaque régiment sonne sa marche respective.

Supposons donc un vélocipédiste militaire ayant rejoint le colonel de son régiment près duquel il marchera soit en avant, soit en arrière, à une distance assez courte pour que, lorsqu'on aura besoin de lui, il puisse entendre l'appel qui lui sera fait.

En route, lorsque le régiment n'aura qu'à marcher sans prendre part à aucune action, le rôle de vélocipédiste militaire se borne à un service d'une extrême simplicité et qui se résume à ceci :

Un pli à porter à une troupe qui marche en avant ;

Un ordre à transmettre soit à un chef de bataillon, soit au médecin, soit à un officier quelconque ;

Un temps de vitesse à pousser soit en avant, soit en arrière de la colonne pour renseigner le colonel sur la distance qui sépare le régiment des troupes qui le suivent ou le précèdent ;

Enfin, allées et venues imprévues sur toute la longueur de la colonne.

Dans ce service, le seul inconvénient est toujours, lorsqu'on n'a aucun ordre à porter, d'être obligé de marcher à l'allure du pas ordinaire des troupes en marche, ou, dans le cas d'un renseignement à prendre ou à donner, de vélocer au milieu ou sur les côtés d'une colonne d'hommes.

ARRIVÉE AU CANTONNEMENT

Si le régiment n'a eu pendant la journée qu'à effectuer simplement de la marche, on arrivera au cantonnement à une heure proportionnée à la longueur de l'étape qu'on aura faite.

Il est inutile de dire comment se trouve déjà désigné le campement d'une troupe avant que cette troupe arrive dans un pays : on sait, en effet, qu'un groupe appelé « campement » part avant la colonne et est chargé de ce soin. Cependant, il est des indications qu'un vélocipédiste doit connaître, puisqu'il sert d'estafette entre chaque autorité militaire, non seulement logée dans le pays où il cantonne lui-même, mais encore dans les localités environnantes.

Ces renseignements sont d'ailleurs consignés au règlement du 26 octobre 1883, sur le service des armées en campagne.

Ainsi, les états-majors des corps, les officiers de tous les grades sont logés, autant que possible, au centre des cantonnements occupés par leurs troupes.

Les gardes de police vont directement prendre possession des postes reconnus pour elles.

Les ambulances s'établissent dans les locaux qui leur sont assignés et arborent leurs drapeaux de manière à les mettre bien en évidence; elles placent de même leurs lanternes pour la nuit.

Les quartiers généraux, placés au centre des cantonnements des troupes, sur les grandes voies de communication ou sur des places, sont indiqués par leurs fanions de commandement, et, la nuit, par leurs lanternes (1).

Du reste, dans les postes de police sont affichées les adresses des logements de tous les officiers auxquels un vélocipédiste militaire peut être appelé à porter un ordre.

Lorsqu'un vélocipédiste militaire arrive à son cantonnement, celui de sa compagnie s'il est attaché au régiment ou celui qui lui sera désigné s'il appartient à un quartier général, son premier soin doit être de mettre sa machine en état s'il est survenu la moindre avarie, ou tout au moins de la nettoyer, de la graisser pour que, s'il est appelé à un service de nuit, il puisse s'aventurer sans appréhension.

Généralement, il y a toujours au moins un vélocipédiste de garde à la police à tour de rôle. Quelquefois, ce tour est réglé par un vélocipédiste gradé; dans tous les cas, ce service est commandé ainsi qu'il est prescrit au règlement sur le service des places.

---

(1) Voir le chapitre spécial sur les *fanions et lanternes*.

Le vélocipédiste commandé de garde devra donc se rendre le plus promptement possible au poste de police et se faire connaître à l'officier commandant du poste. Il placera sa machine à proximité et dans un endroit à l'abri des caprices du temps et des emprunts intempestifs.

Rappelons aux vélocipédistes militaires qui restent dans leur cantonnement qu'ils sont plus astreints même que le simple soldat aux règles de la discipline. Il arrive quelquefois, en effet, que le vélocipédiste de garde ayant été chargé de porter un pli on fait demander à sa compagnie un autre vélocipédiste pour une course urgente ; il ne doit donc pas se soustraire aux prescriptions du titre V du décret du 26 octobre 1883, ainsi conçu :

« Il est fait habituellement trois appels par jour : le premier une demi-heure après le réveil, le deuxième dans la journée, et le troisième une demi-heure après la retraite ; ils sont faits par les caporaux ou les brigadiers, sous la surveillance des sous-officiers.

» L'appel du soir et l'appel du matin ont lieu : au cantonnement, devant le logement de l'escouade ; au bivouac, devant les tentes ou les abris ; les officiers de jour sont présents.

» Quant aux gardes de police, elles sont surveillées : dans un régiment, bataillon ou groupe de batteries, par l'officier supérieur et par l'adjudant-major de jour ; dans une compagnie, escadron ou batterie, par l'officier de jour. »

INDICATIONS UTILES PENDANT LE COMBAT

Nous avons vu le rôle simple que le vélocipédiste est appelé à remplir en colonne, lorsque la troupe avec laquelle il marche n'a pas à prendre part au combat.

Bien que notre but, nous l'avons dit, ne soit pas d'exposer des critiques, on peut affirmer que le vélocipédiste militaire — autre que celui attaché à un général — est non seulement inutile, mais encore gênant pendant l'action. Si nous prenons souvent comme exemple les manœuvres de l'Est, c'est qu'en cette instructive occasion on a pu se rendre compte de l'inutilité flagrante du vélocipédiste qui, rapide courrier sur une route, apporte, en terrain varié, une lenteur aussi involontaire que désespérante dans l'exécution de son service.

Pendant la première journée des manœuvres, préoccupés par des devoirs autrement impérieux qu'une simple question de détail, plusieurs chefs avaient complètement oublié leurs vélocipédistes. Qu'en est-il advenu ? Ceux-ci appréhendant une punition ou inquiets de perdre de vue leur régiment, se sont-ils risqués à travers champs, sous la pluie, pour pouvoir rejoindre avec leurs compagnies le lieu du cantonnement.

Ce n'est que le lendemain que les ordres furent donnés de laisser les vélocipédistes militaires sur les routes encadrant le champ d'action (1).

Nous conseillerons donc au vélocipédiste, surtout à celui qui marche avec son régiment, de se renseigner, avant le combat, sur le lieu de cantonnement, après l'action, de la troupe à laquelle il appartient. Ainsi instruit, il pourra se rendre directement à ce cantonnement avant même que l'action soit terminée et donner à sa machine les soins qu'elle pourrait réclamer.

---

(1) Cette sorte de faveur obligée avait-elle fait naître une grande jalousie chez les hommes qui couraient à travers champs, sac au dos ? Ils s'aperçurent bientôt qu'elle était injustifiée quand on sut les attributions du service de nuit des vélocipédistes militaires.

DE LA RÉCEPTION ET DE LA REMISE D'UN PLI

Que le vélocipédiste soit de garde à la police, à son cantonnement en ou route, il reçoit un ordre à porter sous forme d'une enveloppe dont voici exactement la reproduction :

Modèle n° 1.

Ordre expédié sur le terrain.

Départ : h. m. (matin ou soir.) Arrivée : h. m. (*Signature du destinataire.*)	Vitesse… { Ordinaire. Accélérée. Rapide.

A M

à

L'enveloppe est rendue au porteur.

Ainsi qu'on le voit, l'heure de la remise du pli a été portée ; de même, l'heure d'arrivée figure au-dessus de la signature de l'officier destinataire. Muni de son « accusé de réception », le vélocipédiste militaire le rapportera au poste de police si c'est l'officier commandant la poste qui le lui a remis ou à tout autre officier qui l'avait dépêché.

Il peut arriver, surtout dans le service de nuit, que l'officier à qui est destiné le pli se trouve absent et ne puisse donner avis de la réception. Dans ce cas, à moins d'une réponse à rapporter, on se fera donner récépissé par l'officier ou le sous-officier à qui l'on aura remis le pli.

Selon que l'ordre à porter est urgent, il est recommandé au vélocipédiste de hâter son allure ou de marcher à un train ordinaire.

SERVICE DE NUIT

Incontestablement, c'est pendant la nuit que le vélocipédiste militaire a rendu et rendra de véritables services. Il s'est révélé courrier prompt et habile et est venu très heureusement compléter les bons résultats de la téléphonie.

Cycliste d'état-major ou cycliste attaché au régiment est un homme qui la nuit doit toujours s'attendre à enfourcher sa machine, parcourir une route inconnue et chercher dans un pays qui lui est aussi inconnu que la route la lanterne d'une division ou d'une brigade ou le logement d'un officier des services administratifs.

Les vélocipédistes militaires des états-majors se verront surtout le plus souvent mobilisés pour le service de correspondance. Quant à ceux des régiments, ils n'ont guère affaire qu'avec les brigades, c'est-à-dire à l'autorité militaire directement supérieure à celle du colonel ainsi qu'aux chefs du service de santé et de l'intendance.

Le cycliste militaire, dès qu'il reçoit l'ordre de porter un pli, doit donc, avant de partir, étudier rapidement sa carte, s'assurer du *bon fonctionnement de sa lanterne* et *lire* très attentivement la suscription de l'enveloppe. Le moindre doute *doit être* éclairci dans son esprit s'il veut éviter à la fois de s'égarer et de tâtonner pour découvrir le but de sa destination. En manœuvre, dès 10 heures du soir, dans un pays de la plus infime apparence, où cependant dorment plusieurs milliers d'hommes fatigués sans que leur présence soit révélée autrement que par une sentinelle de poste, nous l'engageons à se rendre au poste de police d'un régiment de son arme et, si l'ordre ne lui a pas été donné de porter lui-même le pli à l'officier destinataire, de le laisser à l'officier commandant ce poste qui lui en donnera récépissé.

Nous ne saurions trop insister pour qu'il veille au bon état de sa lanterne. Cet accessoire de tout veloceman devient un objet indispensable au cycliste militaire.

En route il arrivera fréquemment que l'on rencontrera des fourgons du service des subsistances, du train ou de l'artillerie dont souvent les conducteurs dorment. Avec une bonne lanterne et bien que sa marche soit rapide, et si lui-même garde son attention éveillée, le vélocipédiste pourra toujours descendre assez tôt pour éviter une culbute qui entraîne souvent avec elle de sérieuses avaries à la machine. A moins qu'il ne se sache dans le voisinage de l'ennemi, il cornera souvent de manière à révéler sa présence sur la route.

A moins encore qu'il ne soit de garde et couche au poste, à son retour, le vélocipédiste regagnera son cantonnement ou son logement après avoir prévenu et remis le récépissé de son pli à l'officier dans le cas où celui-ci ne l'en aurait pas dispensé ou différé la remise.

On devra s'exercer surtout à bien connaître les lanternes de nuit indicatrices pour éviter toute erreur dans la remise des plis.

DE LA PRATICABILITÉ DES ROUTES

Le service qu'aura à faire le vélocipédiste militaire ne comporte pas un nombre de kilomètres qui puisse l'obliger généralement à des marches forcées et à une exagération de la vitesse, première condition pour accomplir sûrement la mission confiée et ne pas se fatiguer. On a vu les coureurs de profession obtenir des vitesses de 30 et 32 kilomètres à l'heure ; ce serait une erreur de croire que le vélocipédiste militaire ait à fournir de pareilles courses qui relèvent d'un entraînement spécial et qui, jusqu'à présent, au point de vue militaire, n'ont pas été prévues.

D'ailleurs, que le veloceman soit touriste ou militaire, une connaissance de deux points lui est imposée : les *côtes* et les *descentes*.

A moins d'ordre absolument exprès, on ne pourrait mieux en effet comparer le vélocipédiste militaire qu'à un touriste sachant supporter les petits ennuis qui peuvent survenir et en les atténuant par un sang-froid indispensable et une parfaite philosophie.

A cet égard, nous ne saurions donner de meilleurs conseils que ceux exposés si clairement par le meilleur des auteurs en tourisme, M. de Baroncelli, qui s'exprime ainsi :

« *Ne jamais forcer aux montées;* si elles sont courtes, les enlever dans la limite du possible ; plus longues, il vaut mieux mettre pied à terre. » Cela est d'autant plus raisonnable que le vélocipédiste militaire peut être dans beaucoup de cas assez lourdement chargé.

D'ailleurs, ajoute l'auteur, la marche à pied repose de velocer, et velocer de la marche à pied.

Quant aux descentes, elles *commandent toujours l'attention et une grande prudence.* Il n'y a aucun intérêt à les descendre trop rapidement : même sur une route qui semble magnifique, un obstacle imprévu (dépression de terrain, caillou, chien, bout de bois) peut toujours se présenter à l'improviste et il n'est plus temps de l'éviter une fois à terre, avec la terrible perspective d'une foulure ou d'une machine faussée.

D'un autre côté, la *Revue du Cercle militaire,* dans un article sur la vélocipédie en pays de montagnes, donne les appréciations suivantes :

« En pays de montagnes où les routes sont généralement dures, et en se restreignant aux routes dont l'entretien est permanent, on pourra compter sur les résultats suivants :

» Un vélocipédiste exercé fournira un parcours journalier moyen de 100 kilomètres, à l'allure moyenne de 14 à 15 kilomètres à l'heure.

» Sur une montée constante, pour un parcours variant de 50 à 100 kilomètres, l'allure se trouvera réduite à 10 ou 12 kilomètres.

» Sur un trajet de descente constante, et quelle qu'en soit la durée, l'allure atteindra aisément de 22 à 25 kilomètres à l'heure. Sur les voies carrossables, quel que soit l'état de la température et du chemin lui-même, le vélocipédiste pourra toujours marcher à une allure minima de 10 kilomètres à l'heure. La neige seule, lorsqu'elle n'est pas gelée et que son épaisseur est trop grande, interdit la translation du vélocipédiste par son véhicule.

En outre, comme règles à observer sur la route, il sera toujours bon de tenir la droite et de ralentir l'allure aux tournants.

Si deux voitures sont près de se croiser en avant du vélocipédiste, il ralentira l'allure et la maintiendra à une distance suffisante derrière celle qui le précède jusqu'au moment où la voiture qui vient les aura dépassés ; s'il n'y a qu'une seule voiture allant en avant dans la même direction que soi, on devra bien mesurer la place laissée libre entre la voiture et le bord gauche de la route avant de s'y engager.

Si l'on accorde crédit à cette remarque de M. de Baroncelli que la marche à pied repose de velocer et velocer de la marche à pied, en côte, la tactique du vélocipédiste en colonne semble tout indiquée.

Il est évident qu'en colonne, c'est-à-dire n'ayant qu'à marcher de pair avec le groupe auquel il est attaché, il devient inutile, pour le vélocipédiste, de monter les côtes, pratique qui demande toujours beaucoup d'efforts lorsqu'on est chargé et que l'on pédale lentement.

Il vaut donc mieux que le vélocipédiste militaire descende de sa machine aux côtes à moins qu'un service pressé ne l'oblige à les parcourir vivement.

CHAPITRE IV

CONNAISSANCES GÉNÉRALES

Etats-majors et différents services. — Intendance. — Service de santé. — Télégraphie. — Trésorerie et postes. — Services des étapes. — Missions spéciales : partisans, détachements isolés. — Patrouilles, flanc-gardes. — Estimation de la profondeur des colonnes. — Fanions, lanternes, brassards et couleurs distinctives.

ÉTATS-MAJORS ET DIFFÉRENTS SERVICES

Il doit être intéressant au vélocipédiste d'avoir au moins une simple notion de la composition des états-majors et des différents services auxquels il pourra être appelé à communiquer des ordres.

Le décret modifié sur le service des armées en campagne indique qu'un état-major est placé : auprès de chaque commandant de groupe d'armées, d'armée, de division ou de brigade ; auprès du directeur général des chemins de fer ; auprès de chaque directeur des étapes dans un groupe d'armées. La composition de ces états-majors est fixée suivant la nature et l'importance de ces commandements.

Lorsque plusieurs armées sont réunies sous un même commandement, le chef d'état-major est un maréchal de France ou un général de division qui prend le titre de *major général ;* il a sous ses ordres un ou plusieurs officiers généraux qui portent le titre d'*aides-majors généraux*.

L'état-major d'une réunion d'armée prend le titre de *grand état-major général*.

Une armée a pour chef d'état-major un général de division ou de brigade, et pour sous-chef un général de brigade ou un colonel du service d'état-major. L'état-major d'une armée prend le nom d'état-major général.

Lorsqu'il est formé des ailes, un centre ou une réserve, il peut être organisé pour chacune de ces unités un état-major dont la composition est réglée par le général en chef.

Des officiers de différents grades attachés aux états-majors sont employés aux objets généraux du service et ce sont le plus souvent avec ces officiers que les vélocipédistes militaires se trouveront en rapport.

L'artillerie et le génie ont également leurs états-majors qui sont affectés à chacun de ces commandements.

Dans une armée, l'artillerie est commandée par un général de division ; dans un corps d'armée, par un général de brigade ; dans une division d'infanterie, par le colonel ou le lieutenant-colonel du régiment d'artillerie.

Si plusieurs armées sont réunies sous un seul commandement, il est formé un état-major de l'artillerie qui prend le nom d'*Inspection générale de l'artillerie des armées*.

Le génie est commandé : dans une armée, par un officier général ; dans un corps d'armée, par un général ou un colonel ; dans une division d'infanterie, par un chef de bataillon.

Quand plusieurs armées sont réunies, il est formé un état-major du génie qui prend le nom d'*Inspection générale du génie des armées*.

INTENDANCE

En campagne, les services administratifs sont dirigés : dans une armée, par un intendant général ; dans un corps d'armée, par un intendant militaire ; dans une direction d'étapes, par un intendant ou un sous-intendant militaire; dans une division et dans chaque quartier général d'armée, d'aile, de centre, de réserve ou de corps, par un sous-intendant militaire.

Des fonctionnaires de l'intendance sont, en outre, mis à la disposition des intendants chefs de service des officiers, et des troupes d'administration sont chargées, sous les ordres de ces fonctionnaires, d'assurer l'exécution des divers services administratifs.

SERVICE DE SANTÉ

En campagne, le service de santé est dirigé : dans une armée, par un médecin inspecteur ; dans un corps d'armée, par un médecin principal ; dans une division, dans une brigade isolée, par un médecin principal ou major ; à la direction des étapes d'une armée, par un médecin principal.

TÉLÉGRAPHIE

La télégraphie militaire aux armées a pour mission d'établir et de desservir les communications télégraphiques. Le service est organisé par armée : service de première ligne, service de deuxième ligne et sections de forteresse.

TRÉSORERIE ET POSTES

Le chef de ce service est placé au grand quartier général, ainsi qu'à chaque quartier général d'armée. Il est payeur général, chef du service de la trésorerie et des postes.

Un payeur principal est attaché à chaque corps d'armée, ainsi qu'à chaque direction d'étapes d'armée ; un payeur particulier à chaque division d'infanterie ou de cavalerie et à chaque commandement d'étapes de station têtes d'étapes de guerre et de têtes d'étapes de route.

Le personnel comprend, en outre, des agents et sous-agents.

SERVICE DES ÉTAPES

Les lignes d'étapes de route sont établies en prolongement des stations têtes d'étapes de guerre jusqu'à une distance d'environ deux marches des cantonnements du gros des corps d'armée. Ces lignes sont jalonnées par des *gîtes d'étapes* distants d'environ 25 à 30 kilomètres et dans chacun desquels est établi un *commandement d'étapes*. Une ligne d'étapes suffit, en général, pour deux corps d'armée.

Un commandement d'étapes est toujours établi dans les stations têtes d'étapes de guerre ; il forme la liaison entre le service des étapes et celui des chemins de fer.

L'extrémité d'une ligne d'étapes porte le nom de *tête d'étapes de route* ; c'est là qu'a lieu la liaison entre le service des étapes et les services des corps d'armée.

Lorsqu'une ligne d'étapes s'allonge, on crée, à des distances de trois à quatre étapes, des *gîtes principaux*, formant centres d'approvisionnement, et dont les commandants ont autorité sur les commandants des gîtes intermédiaires.

MISSIONS SPÉCIALES

On a pu le voir aux articles 4 et suivants du règlement du 2 avril 1892, les vélocipédistes doivent être employés de préférence aux estafettes et aux plantons pour la transmission des ordres, comptes rendus et communications de toute nature.

Pendant le combat, les vélocipédistes pourront souvent servir à relier les états-majors entre eux.

Pendant les marches, ils pourront servir à relier deux colonnes parallèles, les flanc-gardes d'une colonne ou même les éléments de la colonne si la largeur de la route leur permet le passage le long des troupes.

Comme « combattants », ils pourront parfois être aptes à remplir le rôle de partisans chargés d'un coup d'audace ou de surprise et à celui de repli ou de soutien de la cavalerie.

Bien que l'expérience n'ait pas encore permis de se rendre compte en de pareils cas de l'utilisation du vélocipédiste militaire, les prescriptions du règlement obligent à donner au moins, quant à présent, les premières notions de ces attributions indéterminées et auxquelles le vélocipédiste peut être soumis.

PARTISANS. — DÉTACHEMENTS ISOLÉS

L'article 215 du règlement sur le service des armées en campagne prescrit que le général en chef peut seul constituer des détachements isolés destinés à agir en partisans.

Leur destination est d'éclairer au loin les flancs de l'armée, de protéger ses opérations, de tromper l'ennemi, de l'inquiéter sur ses communications, d'intercepter ses courriers et ses correspondances, etc.

En même temps que ces détachements isolés fatiguent l'ennemi et gênent ses opérations, ils ne négligent aucun moyen pour inspirer la confiance et le dévouement en pays ami, et, en pays ennemi, pour maintenir les habitants dans la crainte et la soumission.

Ils répandent, selon les circonstances, des nouvelles propres à rassurer ou à inquiéter ; ils paraissent inopinément sur divers points, de manière qu'on ne puisse ni apprécier leur force, ni juger s'ils sont des corps isolés ou des corps d'avant-garde.

De telles opérations comprennent toutes celles de la petite guerre; elles exigent vigilance, discrétion, énergie et promptitude.

Les détachements envoyés en partisans se composent quelquefois de troupes de différentes armes, mais ce genre de service appartient plus particulièrement à la cavalerie légère, qui, par des marches rapides, peut se porter avec célérité sur un point éloigné, y surprendre l'ennemi, l'attaquer à l'improviste et se retirer avant d'être compromise.

Le vélocipédiste doit donc bien se pénétrer des attributions de cette mission pour jouer un rôle efficace. Il devra, par exemple, veiller au bon fonctionnement de sa machine, à ce qu'elle ne produise aucun bruit, et ne jamais s'éloigner, sa mission terminée, de l'officier chef du détachement de partisans.

PATROUILLES, FLANC-GARDES

Bien que le règlement prévoie le grand défaut du vélocipède trop intimement lié aux routes, il détermine cependant, dans beaucoup de cas, l'utilité qu'on peut en attendre.

Il faut considérer comme une exception, est-il dit à l'article 7 (éclaireurs), le cas où le vélocipédiste pourrait être employé soit comme éclaireur, soit comme adjoint à des reconnaissances ou patrouilles.

En pareille occurrence, le vélocipédiste doit savoir quel est le but exact des patrouilles.

Le rôle des patrouilles n'est pas de combattre, mais de prendre le contact de l'ennemi, de s'attacher sans relâche à son front et à ses flancs, de suivre ses mouvements et de saisir toute occasion de lui faire des prisonniers.

Si elles sont repoussées par des forces supérieures, elles se replient dans la direction des réserves, *mais sans jamais perdre le contact.*

Les réserves recueillent les patrouilles; et, si à leur tour elles sont pressées, elles se dérobent, *toujours en conservant le contact,* et avertissent le général commandant la division ou tout autre chef qui a ordonné la patrouille.

FLANC-GARDES

Art. 126. — Les *flanc-gardes* sont destinées à protéger les flancs ou le flanc découvert d'une colonne en marche contre des partis ennemis qui essaieraient de la tourner et d'y jeter le désordre.

Elles sont composées de fractions constituées dont la force est en rapport avec l'importance de la colonne et avec les craintes que peuvent inspirer les tentatives auxquelles elles doivent résister.

Elles occupent pendant le passage de la colonne les points importants d'où l'ennemi pourrait inquiéter la marche et ne les quittent que lorsque la colonne s'est complètement écoulée.

Lorsque la colonne est égale ou inférieure à une brigade, les flanc-gardes sont fournies par le gros de l'avant-garde.

Transformées dans ce cas en patrouilles en raison du peu de durée d'écoulement des troupes, elles s'avancent sur les voies latérales qui pourraient servir de débouchés à l'ennemi, gagnent les hauteurs pour observer le pays et se retirent assez à temps pour prendre la queue de la colonne.

Quand il s'agit d'une colonne plus forte, les flanc-gardes, si elles ne sont pas constituées par la cavalerie, sont fournies par le corps qui est le dernier dans le dispositif de marche. Ces troupes, pour aller prendre position, marchent avec l'avant-garde ; on leur adjoint quelques cavaliers. Leur mission terminée, elles rejoignent le corps dont elles font partie à la queue de la colonne.

Dans certains cas, l'artillerie peut être employée au service des flanc-gardes, par exemple lorsqu'on longe une rivière dont la rive opposée est au pouvoir de l'ennemi. Le commandant de la colonne désigne les positions qui sont occupées successivement par des batteries, dont l'objectif est d'empêcher l'artillerie ennemie de prendre position sur la rive opposée pour inquiéter la marche.

ESTIMATION DE LA PROFONDEUR DES COLONNES

Il peut être important au vélocipédiste militaire de pouvoir estimer, en cas de besoin, la composition d'une colonne en marche. Il peut s'en rendre compte par la longueur et le temps qu'elle met à franchir une distance.

Des tableaux donnant les longueurs des éléments des colonnes ont été dressés, mais nous ne croyons par devoir les reproduire ici. Seuls les officiers et surtout les officiers d'état-major possèdent une connaissance approfondie de ces divers éléments qu'un vélocipédiste militaire (réserviste surtout) serait souvent incapable d'apprécier.

Sur les routes l'infanterie marche sur quatre rangs, les serre-files dans le rang ; la cavalerie par deux ou par quatre, l'artillerie et les voitures sur une seule file.

Chaque rang d'une troupe d'infanterie marchant par le flanc occupe en profondeur. . . .		$1^{m},40$
Deux rangs d'une troupe de cavalerie. . . .		6
Longueur d'une voiture y compris $1^{m},00$ d'intervalle entre les voitures	à 1 cheval	8
	à 2 chevaux	9
	à 4 chevaux	12
	à 6 chevaux	15

Une colonne si faible qu'elle soit s'allonge dès qu'elle est en marche.

Distances comprises entre chaque groupe.

Un régiment complet — à l'effectif de guerre — avec 12 mulets et 7 voitures occupe une longueur de 1,400 mètres ;

Une compagnie de chasseurs à pied dans le bataillon environ 100 mètres ;

Un escadron de cavalerie par deux, 240 mètres ;

Une batterie d'artillerie montée (17 voitures), 350 mètres ;

Une compagnie divisionnaire du génie, 2 mulets, 2 voitures, 130 mètres ;

L'ambulance d'une division d'infanterie, 20 voitures, 33 mulets, 420 mètres ;

Le train régimentaire d'un bataillon, 6 voitures, 65 mètres ;

Le train régimentaire d'un régiment, 21 voitures, 230 mètres ;

Le train régimentaire d'une brigade, 43 voitures, 480 mètres ;

L'état-major d'un corps d'armée, 250 mètres ;

L'état-major d'une division d'infanterie, 100 mètres ;

L'état-major d'une brigade d'infanterie, 20 mètres ;

L'état-major d'une brigade de cavalerie, 20 mètres.

La vitesse de marche d'une colonne composée de troupes de toutes armes est celle de l'infanterie. Elle est habituellement de 80 mètres à la minute, soit 4 kilomètres en cinquante minutes de marche effective, ou 4 kilomètres à l'heure en tenant compte de la halte horaire de dix minutes.

FANIONS, LANTERNES ET BRASSARDS

Pour bien des raisons le vélocipédiste militaire devra posséder, pour ainsi dire, sur le bout du doigt la connaissance des fanions, lanternes et brassards ainsi que les couleurs distinctives des différentes armes. Nous en donnons ici la reproduction exacte.

COULEURS DISTINCTIVES

Infanterie. — Les couleurs distinctives, dans l'infanterie, sont :

Le bleu foncé pour le 1er bataillon ; le garance pour le 2e ; le jonquille pour le 3e ; le vert pour le 4e. Chaque bataillon a un fanion d'alignement, mi-parti blanc, mi-parti de la couleur distinctive qui lui est affectée à l'exception du 2e bataillon qui a un fanion tricolore. Les bataillons de chasseurs en ont un mi-parti bleu foncé et jaune.

Cavalerie. — Les couleurs distinctives dans la cavalerie sont : le bleu foncé pour le 1er escadron ; le cramoisi pour le 2e ; le vert foncé pour le 3e ; le bleu ciel pour le 4e ; le jonquille pour le 5e ; l'orangé pour le 6e (dans les corps où cet escadron est formé).

FANIONS ET BRASSARDS

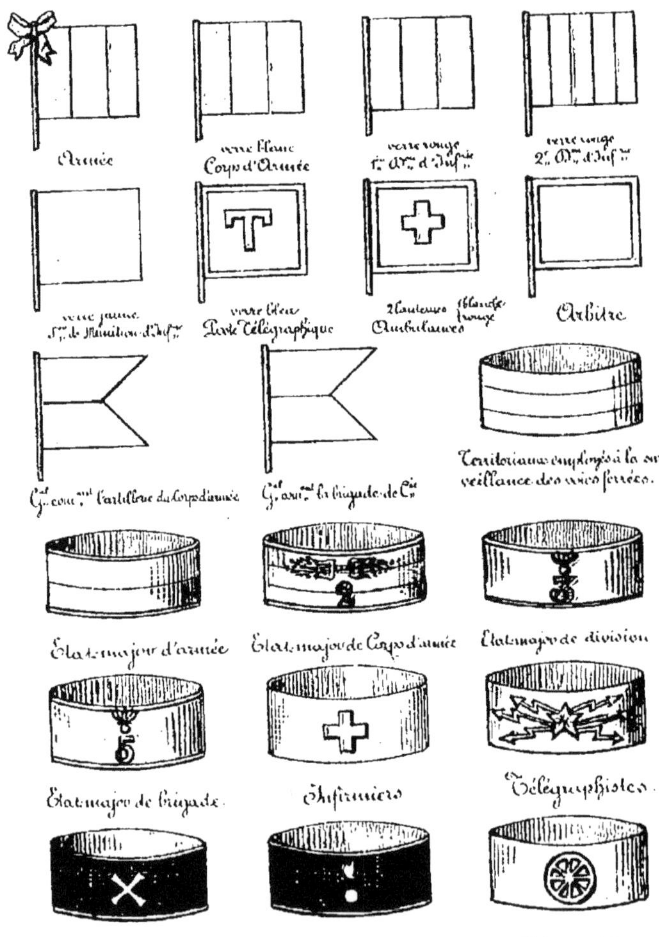

cas, sont en contradiction flagrante avec les principes de l'économie.

Que les vélocipédistes militaires ne se croient donc pas astreints aux exigences d'hygiène des coureurs sur route ; qu'ils se contentent d'emprunter à leur méthode ce qui peut être utile ; mais, avant tout, ils doivent se dire qu'il y a dans la marche des choses des causes multiples d'épuisement rapide de la vie, que l'hygiène bien entendue peut seule combattre.

La nature même du service militaire a fait régler une hygiène spéciale. Qu'un homme porte le sac ou monte sur un vélocipède, il se trouve souvent placé dans des conditions où il lui est presque impossible d'observer les prescriptions hygiéniques les plus élémentaires ; aussi avons-nous donc cherché à dégager de documents nombreux tout ce qui paraît devoir présenter un bénéfice à connaître pour le vélocipédiste militaire.

Les points principaux à envisager sont l'hygiène corporelle, l'alimentation et la thérapeutique.

Dans son service en colonne où le vélocipédiste militaire est souvent, pendant des heures entières, obligé d'aller au pas, conséquemment de ne pas éprouver la fatigue, si minime qu'elle soit, d'un trajet de 30 ou 40 kilomètres, il est à peu près subordonné aux mêmes conditions d'hygiène qu'un militaire ordinaire en ce qui concerne tout au moins l'alimentation ; comme un soldat portant le sac, il ira souvent lui-même à pied, la marche lente en vélocipède devenant à la fin insipide, surtout aux côtes. Ce n'est que lorsqu'il aura une course à fournir qu'il redevient cycliste et dès lors, doit suivre les conseils donnés par une hygiène déterminée, dont le premier point est la respiration, c'est-à-dire une chose indispensable à la vie de tous les êtres, mais particulièrement au cycliste.

DE LA RESPIRATION

« Vous croyez peut-être, dit le savant docteur Lorin, du 20e bataillon de chasseurs à pied, que le poumon est l'unique agent de la respiration? Il n'en est rien. La peau, elle aussi, respire, et la preuve en est facile. Rappelez-vous d'abord un enfantillage d'écolier : vous avez noyé une mouche dans quelques gouttes d'eau, dans votre encrier même, la voici inerte, les pattes et les ailes repliées ; elle parait morte. Mais vous avez râpé un peu de craie, vous en avez couvert la mouche ; au bout de quelques minutes, l'insecte se ranime, se dresse sur ses pattes, agite ses ailes, les lisse, puis, surtout si vous l'avez exposée au soleil ou si votre haleine l'a réchauffée, elle s'envole loin de vous. Que s'est-il passé? De l'eau avait pénétré dans les minuscules orifices, assez nombreux, situés sur l'épiderme de la mouche et conduisant à de petits organes servant à la respiration ; l'air ne pouvait plus y pénétrer, d'où l'asphyxie. La fine poussière de craie a lentement pompé cette eau, l'air a retrouvé petit à petit son chemin et la vie est revenue avec lui. »

Cette définition imagée démontre donc clairement que la respiration sera obtenue bonne par les soins corporels, par les ablutions. La peau, surtout chez le vélocipédiste, secrète une humidité constante dont l'exagération se nomme sueur et qui forme avec la poussière une boue dont la présence entraine de grands inconvénients.

Il est donc important, à l'arrivée au cantonnement comme le matin au départ, de se livrer à des soins de propreté qui, en outre de ce bénéfice, procurent encore une plus libre circulation du sang, par conséquent de chaleur animale.

Il convient également de recommander, sur route,

lorsqu'on aura un pli pressé à porter, de ne pas aller, surtout au début, à une vitesse telle que l'on se sente la respiration difficile. On devra préférer l'allure régulière envisagée selon la distance que l'on aura à parcourir et ne pas se livrer en route à des vitesses immodérées que l'on nomme « enlevage » ou « emballage ».

ALIMENTATION

On a comparé l'organisme humain à l'organisme d'un moteur mécanique. Il serait oiseux de vouloir démontrer le contraire : le corps humain est, en effet, une machine véritable soumise aux mêmes conditions d'entretien et d'usure que le moteur artificiel.

La quantité des aliments doit être proportionnée au travail, à l'âge, à la santé, proportion que l'instinct règle généralement, mais qu'une connaissance plus approfondie de l'hygiène rendrait plus normale. Il ne s'agit pas de manger beaucoup pour réparer ses forces, mais de consommer des aliments riches en substances nutritives, pour réaliser ce qu'on appelle la *calorie*, la *chaleur sensible*, c'est-à-dire l'énergie.

La calorie, ou quantité de chaleur nécessaire pour élever de un degré centigrade un kilogramme d'eau, peut être transformée en une force capable de soulever 425 kilogrammes à une hauteur verticale de un mètre. D'après M. Schlinder, la chaleur à développer par le moteur humain sera rigoureusement proportionnelle à la somme de travail mécanique qu'il est chargé de produire, à raison de cinq calories par 425 kilogrammètres, d'où la nécessité pour le soldat de produire tous les jours, même au repos et sans porter de charge, une somme de 2,470 calories pour maintenir son corps à la température constante qui lui est propre.

Partant de ce principe, on peut donc déterminer ainsi

l'alimentation : la ration d'entretien et la ration de travail.

La première est celle qui, absorbée journellement et assimilée par un adulte au repos absolu, lui permettrait de maintenir intégralement le poids de son corps sans perte ni gain. Ce travail mécanique intérieur, uniformément réparti entre les vingt-quatre heures, consomme 176 calories, c'est-à-dire la combustion nécessaire à la chaleur destinée à l'entretien de la température normale.

Quant à la ration d'entretien, ainsi que nous le disons plus haut, elle peut varier selon que le travail sera intense ou modéré.

« Obligé, dit M. Schlinder, de porter une charge excessive pendant une grande partie de la journée à des allures souvent rapides, par des chemins plus ou moins bien entretenus, à pentes plus ou moins raides, le soldat est dans l'obligation de maintenir la presque totalité de sa masse musculaire en état de contraction énergique pendant douze à seize heures par jour, pour marcher, résister à sa charge et combattre. Les arrêts et les haltes sac au dos, dans la station verticale, ne sont même pas un repos pour la plupart de ses muscles. La sueur qui continue à inonder l'homme, est le témoin irrécusable de l'intensité des combustions qui s'opèrent dans cet état. En un mot, le soldat en campagne est soumis en permanence à un travail journalier intense.

» On estime à 229,500 kilogrammètres le travail mécanique *extérieur* maximum qu'un adulte bien musclé puisse produire dans une journée. Sans vouloir prétendre que le soldat en campagne se trouve exposé journellement à atteindre l'extrême limite de la fatigue musculaire, on peut admettre néanmoins, sans crainte d'exagération, que la somme de ses efforts journaliers se rapproche considérablement de cette limite et peut se traduire par le chiffre de 200,000 kilogrammètres, en dehors des jours de repos. »

A un moment donné le vélocipédiste militaire, par suite des besoins de son service, peut donc se trouver appelé à une dépense excessive de force musculaire qui l'oblige à rechercher dans son alimentation la somme de calories nécessaires à l'accomplissement de son travail mécanique sans que l'organisme puisse en souffrir. Combien de débutants sur route se sont rendus compte de cette vérité ! Combien se sont trouvés arrêtés, en route, pris de « fringale » et dans l'impossibilité de continuer !

Nous conseillerons non seulement au cycliste militaire, mais encore à tous les vélocipédistes qui vont en excursions, de rechercher les aliments qui, sous un petit volume, contiennent en plus grande quantité les matières nutritives.

La science a déterminé que les substances les plus riches en nutrition devaient contenir les albuminoïdes assimilables, la graisse et l'hydrate de carbone.

Voici un tableau dressé par l'auteur déjà cité et qui permettra aux cyclistes de se rendre compte de la valeur nutritive des aliments ordinaires :

ALIMENTS.	Albuminoïdes assimilables.	Graisse.	Hydrates de carbone.	Calories.
Bœuf maigre désossé.	219	9	»	1.138
Bœuf demi-gras désossé.	175	100	»	1.745
Veau désossé.	189	74	»	1.578
Mouton maigre désossé.	203	28	»	1.232
Mouton demi-gras désossé.	145	90	»	1.510
Porc maigre désossé.	198	67	»	1.559
Porc très gras désossé.	133	425	»	4.467
Boudin.	118	114	»	1.596
Saucisse.	231	228	»	3.167
Saucisson fumé.	228	114	»	2.127
Cervelas.	176	397	»	4.423
Hareng salé.	189	166	»	2.407
Hareng fumé.	211	85	»	1.784

ALIMENTS.	Albuminoïdes assimilables.	Graisse.	Hydrates de carbone.	Calories.
Morue sèche	779	3	»	3.789
Lard fumé	26	778	»	7.127
Lard salé d'Amérique	67	757	»	7.036
Saindoux d'Amérique	2	900	»	8.109
Caviar	319	141	»	2.810
Texas beef (conserve actuelle)	296	39	»	1.780
Viande de bœuf américaine marinée et salée	289	2	»	1.414
Pressed corned beef	338	64	»	2.208
Viande d'Australie en boîtes	293	121	»	2.504
Poudre de viande	730	»	»	3.526
Œufs	131	104	»	1.568
Lait de vache	40	35	»	508
Lait écrémé	32	4	»	190
Beurre	»	850	»	7.650
Fromage maigre allemand	430	78	»	2.779
Fromage gras	329	250	»	3.839
Fromage de Chester	241	293	»	3.801
Fromage de Neufchâtel	141	407	»	4.344
Fromage de Roquefort	263	301	»	3.979
Fromage de parmesan	342	217	»	3.605
Fromage de Gruyère	247	320	»	4.073
Farine de froment blutée	89	11	741	3.441
Nouilles, macaroni, pâtes	90	3	768	3.480
Riz	67	5	770	3.394
Pois secs	135	25	581	3.160
Haricots secs	145	18	558	3.055
Lentilles	150	20	542	3.034
Fécule de pois	238	29	540	3.532
Fécule de haricots	239	15	551	3.454
Fécule de maïs	140	38	706	3.792
Mie de pain	66	7	573	2.633
Croûte de pain	130	11	664	3.336
Pain de froment	68	7	523	2.447
Biscuit de froment	156	10	734	3.728
Pommes de terre	13	2	210	906
Carottes	13	2	98	466
Navets	12	1	68	334
Choux blancs	19	2	66	369
Choux-raves	27	2	86	486
Choucroûte	30	2	120	635
Pommes séchées	13	»	669	2.692
Poires séchées	12	»	649	2.608
Pruneaux	33	9	450	2.008

Un dernier conseil : ne pas partir à jeun et garder toujours quelque chose pour la grand'halte.

BOISSONS

De l'avis de tous les médecins et des vélocipédistes qui pratiquent continuellement tant en courses que sur route, un cycliste doit s'abstenir autant que possible de boire pour éviter la transpiration. On a beaucoup discuté la question des boissons en général et particulièrement de l'eau, du vin et de l'alcool.

L'eau pure est, en principe, la boisson qui convient le mieux à l'homme, car ce serait une erreur de croire à une réparation des forces par les boissons alcooliques. « Ni le vin, ni l'alcool ne nourrissent, dit le docteur Lorin ; si la faim semble apaisée, c'est qu'ils ont endormi l'estomac et supprimé l'appétit. » Est-ce à dire que le vélocipédiste ne doit pas boire du vin ? Assurément non, mais ceci est pour démontrer que l'élément nuisible dans toutes les boissons est la présence de l'alcool, ce qui, en somme, semblerait plutôt indiquer l'usage du vin que de toute autre boisson alcoolique.

Le vin, c'est-à-dire le vin pur produit par le jus du raisin, sans aucune fraude, est, en effet, la meilleure des boissons alcooliques. C'est, en même temps qu'un mélange en proportions variables d'alcool et d'eau, un composé de substances minérales, dissoutes par l'alcool et par l'eau et dont l'action sur le corps entier et sur le système nerveux est des plus réelles.

« Un vin de pays, dit M. Lorin, quand bien même sa force en alcool n'est pas considérable, mais qui se consomme tel qu'il est sorti du pressoir, avec toutes ses qualités naturelles, vaut mieux pour la santé que le vin le plus riche en alcool, le plus chargé en couleur et le plus fourni en bouquet, mais qui sera le produit d'une fabrication malhonnête. »

Il en résulte donc que le vélocipédiste peut boire du vin dans une proportion convenable et que l'alcool doit être absolument proscrit.

Au début de la vélocipédie, l'alcool a joui d'une grande réputation comme accélérateur; mais on n'a pas tardé à se rendre compte de ses mauvais effets.

En 1881, raconte M. Gaston Cornié, à la Réole trois membres d'une société vélocipédique avaient installé sur leurs machines des biberons très ingénieux permettant d'aspirer la liqueur qui leur semblait indispensable pour mener à bonne fin une course de 3,000 mètres!...

L'alcool ne peut procurer qu'un moment d'excitation, mais que remplace bientôt une véritable atonie et il serait à souhaiter, pour tout le monde en général, qu'on le considérât encore comme au temps où il ne devait sortir des bocaux de pharmacie que sur ordonnance du médecin.

Pour conclure, le vélocipédiste militaire devra apaiser sa soif au moyen d'une petite quantité d'eau et de vin pur, ne faire que rarement usage des autres boissons alcooliques, et ne jamais, en course, absorber de l'alcool pur qu'il ne doit considérer que comme un médicament en cas de besoin.

DU TABAC

On a dit avec raison que l'alcool avait pour compagnon le tabac. Il serait inutile d'entrer dans de longues considérations pour démontrer au vélocipédiste militaire qu'il doit proscrire celui-ci comme celui-là. La consommation du tabac est pour les uns et les autres un véritable abus quelles que soient la constitution et la santé habituelle de chacun. L'usage modéré du tabac pour beaucoup ne présente aucun inconvénient, mais, nous le répétons, pour le vélocipédiste il est absolument pernicieux.

On peut donner l'exemple suivant.

Aucun coureur de profession ne fume.

THÉRAPEUTIQUE

Le vélocipédiste militaire est à la fois l'homme le plus exposé aux chutes, contusions, foulures, etc., et le mieux placé pour recevoir les soins d'un médecin.

Aux manœuvres, les blessures dont peut être victime un cycliste militaire, depuis l'adoption de la bicyclette, se résument à bien peu de chose si l'on est prudent, que l'on ait toujours l'attention en éveil et surtout si l'on possède bien « l'habitude de sa machine ».

En dehors des chutes graves qui nécessitent la présence du médecin, les connaissances qu'il doit avoir pour remédier à certains malaises se bornent à peu près à celles d'un soldat ordinaire. Cependant, le vélocipédiste militaire peut se trouver atteint lorsqu'il sera seul et, dès lors il doit au moins connaître les moyens de sortir d'une situation embarrassée en attendant qu'il puisse voir le médecin.

Le premier point est surtout de ne pas se démoraliser, de prendre une prompte décision et de ne pas exagérer soi-même l'ennui présent. Voici, dans certains cas, comment on procédera.

Chutes, contusions. — Appliquer sur la partie atteinte des compresses imbibées d'eau fraîche et les maintenir toujours humides.

Foulure ou entorse. — Ne pas faire de mouvements brusques, se plonger le membre atteint dans un vase rempli d'eau fraîche additionnée si c'est possible d'un peu d'extrait de saturne (eau blanche). Si la partie ne peut être plongée dans l'eau, appliquer des compresses que l'on tiendra toujours imbibées d'eau.

Précautions en route. — Ne pas s'étendre sur l'herbe humide; se garantir la tête quand le soleil est trop chaud.

Ne pas se dévêtir en arrivant d'une grande marche. Si l'on change de linge, le faire rapidement en évitant les courants d'air.

Coup de soleil. Insolation. — Résulte surtout de l'action solaire sur la tête recouverte d'une coiffure lourde, gênante, mal aérées.

Pour le prévenir, porter un couvre-nuque quand le soleil est trop chaud.

Coucher l'homme à l'ombre, la poitrine et la tête un peu relevées, enlever la coiffure, l'équipement, desserrer les vêtements, mettre des compresses d'eau froide sur le front, brosser énergiquement la plante des pieds et la paume des mains, faire des frictions sèches sur le corps entier.

Coup de chaleur. Asphyxie. — S'observe aussi bien par les temps chauds et couverts que par le grand soleil; — est favorisé par la fatigue, la soif, la ventilation insuffisante, s'annonce par une transpiration surabondante, palpitations de cœur; — la figure est rouge bleuâtre; — brusquement la peau devient sèche et brûlante; — l'homme tombe avec des convulsions ou des signes d'une démence subite.

Pour le prévenir, aérer les vêtements, — ne pas s'étendre sur l'herbe humide, ne boire que par petites gorgées au moment de se mettre en marche.

Lotions froides sur tout le corps; faire respirer de l'ammoniaque ou du vinaigre; — faire prévenir immédiatement le médecin.

Engelures. — Traitement. — Eviter l'approche du feu, le contact de l'eau glacée, de l'air trop froid. — Si l'engelure est ulcérée, la recouvrir d'un linge fin enduit de glycérine, d'huile ou d'une graisse quelconque fraîche, par dessus porter un gant ou une chaussette soigneusement graissé.

Congélation locale ou totale. — Ne pas transporter l'homme près du feu ou dans une chambre trop chaude. Frictions énergiques avec de la neige, puis avec de l'eau fraîche, ensuite frictions sèches avec flanelle, brosses, etc.

Mal de gorge. — Il convient de se tenir le cou chaudement et de garder la chambre ; prendre de la tisane de mauve ou de violette, ou mieux de la tisane de feuilles de ronce. De plus, prendre toutes les heures une pastille de *chlorate de potasse.* Si les amygdales sont enflammées, employer un gargarisme adoucissant.

Rhume de cerveau. — Au début du rhume, respirer à plusieurs reprises, pendant quelques minutes, soit de l'ammoniaque liquide, soit de la teinture d'iode. Dans la plupart des cas, le mal se trouvera supprimé.

Coliques. — La première chose à faire est d'appliquer sur le ventre un cataplasme bien chaud ou une serviette chaude, et de boire une infusion d'anis ou de badiane, ou de camomille.

Clous et furoncles. — Faire des lotions sur la partie malade avec la liqueur concentrée de goudron et boire, quatre ou cinq fois par jour, une cuillérée à café de cette liqueur dans un demi-verre d'eau. Sous l'influence de cette médication, les clous ne tardent pas à disparaître. Pour en prévenir le retour, prendre un léger purgatif.

Douleurs aux genoux. — Si on ressentait quelque douleur au genou provenant seulement d'un peu de fatigue, on se frictionnera avec de l'*embrocation Elliman,* ou simplement avec du *baume opodeldoch.*

Les genoux seront préservés le plus possible du froid, ils ne devront jamais être découverts et le veloceman fera bien d'employer en hiver des genouillères tricotées en laine fine.

CHAPITRE VI

TOPOGRAPHIE THÉORIQUE

Connaissances du vélocipédiste militaire. — Lecture des cartes. — Définitions, figuré du terrain, plans, projections, altitude, commandement, pente, degré, grade. — Planimétrie et signes conventionnels : courbes, hachures. — Echelles. — Abréviations. — Orientation : par le soleil, la lune, l'étoile polaire, la carte, la boussole, la montre. Orientation de la carte. Renseignements sur les cartes d'état-major.

LECTURE DES CARTES (1)

La science de la topographie, presque inconnue il y a un siècle, est devenue aujourd'hui d'une importance énorme pour le progrès de l'art militaire auquel elle a largement contribué. Une connaissance approfondie de cette science est non seulement rigoureusement exigée de tous nos officiers, mais encore des militaires de tous grades qui doivent en posséder une habitude courante.

On comprendra que dans le cadre de ce volume il nous est impossible de compiler un cours de topographie, étude qui, pour être complète, nécessiterait elle-même tout un ouvrage. Nous nous bornons à n'en extraire que les données principales de la première partie, la lecture d'une carte, c'est-à-dire la connaissance essentielle pour un vélocipédiste militaire. Quant à la deuxième

---

(1) Consulter le *Cours de topographie,* Ecole régimentaire, ministère de la guerre, librairie Lavauzelle.

partie, l'exécution des levés, malgré l'avantage qu'il peut tirer de cette étude, nous ne croyons qu'il y ait, quant à présent, urgence pour lui à la pratiquer. Avant tout, ce qu'il faut au vélocipédiste militaire, dont le rôle est de parcourir une distance, le jour et la nuit, dans des pays et sur des routes qui lui sont inconnus, est de pouvoir reconstituer le terrain d'après les indications de sa carte qu'il doit savoir examiner pour se rendre compte le plus rapidement possible de la situation des différents points où son service d'estafette l'appelle; reconnaître les accidents de terrain de sa route à laquelle, dit le règlement, il est intimement lié, et, dans le cas tout à fait particulier d'une reconnaissance, pouvoir faire un rapport succinct du figuré du terrain.

DÉFINITIONS. — FIGURÉ DU TERRAIN

Ainsi que son nom l'indique, la topographie est la description des lieux : au moyen d'un dessin — la carte — elle peut révéler dans leurs moindres détails les accidents que présente la surface du sol, que ces accidents aient été produits par la nature ou par la main de l'homme. Une carte bien faite est donc la figure exacte d'une étendue de terrain. La topographie permet encore de faire ressortir les formes de ce terrain et d'indiquer l'élévation respective des différents points du sol : l'altitude, la pente, par exemple, dont il est très intéressant pour le vélocipédiste de se rendre compte.

En résumé, qu'est-ce qu'une carte? Un surface plane sur laquelle on a dessiné des accidents de formes différentes. Or, sur la carte au 1/80,000^{e} du ministère de la guerre, on remarquera des notations en chiffres appelés cotes et qui indiquent la projection de ces accidents, c'est-à-dire leur aspect.

Pour bien comprendre comment on peut arriver à

représenter sur une carte un accident de terrain, on doit considérer deux points géométriques : la ligne *verticale* et le *plan*.

On entend par *verticale* la direction du fil à plomb; par *plan*, une surface engendrée par une ligne droite qui se déplacerait parallèlement à elle-même.

Si le plan est perpendiculaire à la verticale, c'est un plan *horizontal*.

La surface de la mer, envisagée sur une petite étendue, est considérée comme un plan horizontal et tous les plans qui lui sont parallèles sont horizontaux.

En géométrie descriptive, la représentation d'un point s'obtient par sa projection sur deux plans perpendiculaires entre eux.

La projection sur le plan vertical est dite *projection verticale*; la projection sur le plan horizontal, *projection horizontale*. En topographie, on supprime le plan vertical et l'on se contente de la projection horizontale; la distance du point au plan horizontal qui serait donnée par la projection verticale est la *cote*.

Ainsi, par exemple, prenez un livre et une canne. Mettez le livre sur votre table et posez votre canne debout sur ce livre. Le livre est le plan horizontal pris comme plan de repère et la pomme de votre canne sa projection verticale. Or, si cette canne a 2 mètres de hauteur, vous mettriez le chiffre 2 à la cote.

On appelle *altitude* la hauteur d'un point au-dessus du niveau de la mer qu'il est convenu d'adopter comme point de repère unique. On la suppose donc parfaitement unie et indéfiniment prolongée au-dessous des terres et on y rapporte tous les autres points du sol. Ainsi que nous l'avons dit, la hauteur de ces points s'appelle *cote* et le mot *relief* s'entend d'un point par rapport au terrain environnant; de même pour le mot *commandement* d'une position sur une autre position dépend donc non seulement de leur hauteur respective, mais encore de la distance qui les sépare. Une position peut être dominée ou commandée par une autre à portée de fusil ou de canon.

On entend par *nivellement* l'évaluation des cotes de différents points du sol et la représentation qui s'en déduit.

On appelle *pente* d'une ligne droite son inclinaison par rapport à l'horizontale.

Cette inclinaison peut être exprimée de deux manières :

1° Par l'angle que fait la ligne avec l'horizontale : dans ce cas, la pente est donnée par le nombre de *degrés* ou de *grades* que l'angle comprend ; elle peut donc varier depuis 0 jusqu'à 90 degrés ou 100 grades, cas où la ligne en question est verticale ;

2° Par le rapport de la hauteur à la base.

Prenons une ligne A B, et d'un point B quelconque de

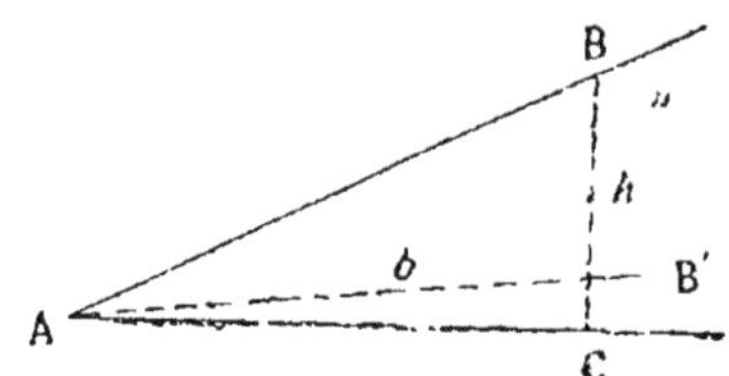

cette ligne abaissons une perpendiculaire sur l'horizontale A C. On obtient ainsi un triangle rectangle dont B C est la hauteur de h et A C la base b. Supposons que h soit égal à 1 mètre et b à 2 mètres. Le rapport de h à b $\frac{h}{b}$ est donc égal à $\frac{1}{2}$. La pente A B est de $\frac{1}{2}$.

Si la hauteur h était contenue dix fois dans la base b, la pente de A B' serait de $\frac{1}{10}$ et, on le voit par la figure, elle est beaucoup plus faible.

Les angles se mesurent donc au moyen de deux unités différentes, le dégré et le grade.

Le *degré* est la 360e partie de la circonférence ; chaque degré vaut 60 minutes ; chaque minute, 60 secondes ; c'est ce qu'on nomme la division sexagésimale.

Le *grade* est la 400e partie de la circonférence ; chaque grade est divisé en 100 minutes, chaque minute en 100 secondes ; cette division s'appelle division centésimale ; elle est la seule employée en topographie.

La conversion des grades en degrés et réciproquement est facile. Un angle droit vaut 90° ou 100 grades de même.

$$1\text{ g.} = \frac{9^\circ}{10} \qquad 1^\circ = \frac{10\text{ g.}}{9}$$

$$1^{\text{c}} = \frac{50'}{100} \qquad 1' = \frac{100^{\text{c}}}{54}$$

$$1^{\text{cc}} = \frac{324''}{1000} \qquad 1'' = \frac{1000^{\text{cc}}}{324}$$

Approximativement une minute centésimale est la moitié d'une minute sexagésimale ; une seconde centésimale est le tiers d'une seconde sexagésimale.

On sait que la longueur du méridien terrestre est de 40,000,000 de mètres.

Donc l'arc de 1 g. vaut la 400e partie du méridien ou 100,000 mètres.

L'arc de 1^{c} vaut 1,000 mètres, ou 1 k., et l'arc de 1^{cc} vaut 10 mètres.

Autrement dit, un angle de 1^{cc} au centre de la terre sous-tend un arc de 10 mètres à la surface.

PLANIMÉTRIE — SIGNES CONVENTIONNELS

La planimétrie sert à désigner les opérations qui comportent la représentation de ce qui se trouve à la surface du sol, abstraction faite du relief. Les signes conventionnels employés ont été choisis, en général, de façon à figurer autant que possible la projection horizontale vraie des différents objets qu'ils représentent. La dimension de ces signes varie évidemment avec l'*échelle* dont nous parlons plus bas. La planimétrie représente donc l'ensemble des voies de communications, cours d'eau, couverts, lieux habités, divisions de culture.

Il est inutile d'entrer dans des considérations sur chacun des objets que représente la planimétrie. Nous donnons un tableau des signes conventionnels qui frappera mieux l'intelligence. (Voir page 124.)

On a également combiné un autre procédé pour apprécier le relief du terrain dont la multiplicité des détails en comporte un grand nombre dont on se rendra compte de l'aspect au moyen des *courbes* et on a supposé le terrain coupé par des plans horizontaux ayant tous entre eux la même distance verticale.

L'intersection de ces plans avec la surface du sol détermine une série de courbes, appelées *courbes horizontales* ou *courbes de niveau*, et c'est la projection horizontale de ces courbes qui sert à figurer le modèle du terrain.

L'idée d'une inondation générale fait parfaitement comprendre comment peuvent se figurer ces courbes réellement tracées sur le terrain : Supposez que le niveau des eaux de la mer vienne à s'élever successivement : à chaque crue les lignes qui formeraient sur toute l'étendue le nouveau rivage seraient précisément les *courbes de niveau*.

Quant aux courbes horizontales, précisément parce qu'elles sont horizontales, il est évident que tous les points de chacune d'elles sont à la même hauteur au dessus du niveau de la mer, autrement dit sont à la même cote.

Il suffit donc d'avoir la cote de l'un d'eux pour avoir la cote de la courbe tout entière, ce qui permet de supprimer un grand nombre de chiffres sur la carte. Mais mieux encore, la distance verticale de ces courbes étant uniforme, comme on le voit, quand on a la cote de l'une d'entre elles, il est aisé d'en déduire la cote de toutes les autres : ce problème est résolu par ce qu'on appelle l'*équidistance,* c'est-à-dire la distance invariable qu'occupent tous les plans par lesquels on coupe d'une façon imaginaire la surface de la terre.

On a adopté une équidistance graphique constante.

Partant de ce principe l'équidistance de la carte d'état-major au 1/80,000 est de 20 mètres.

De cela il résulte qu'étant donnée l'échelle d'une carte et par suite l'équidistance, l'écartement de deux courbes permet de trouver facilement la pente du terrain entre ces deux courbes.

Il existe encore un autre mode de représentation qui fait mieux saisir le relief du sol : c'est le figuré par les *hachures.*

Les hachures sont des lignes normalement tracées aux courbes de niveau et limitées à ces courbes.

Quand la pente est uniforme et que les deux courbes de niveau voisines sont parallèles, la hachure est droite perpendiculaire à ces deux courbes. Quand les courbes vont en divergeant, la hachure s'infléchit de manière à être perpendiculaire à ses deux extrémités aux courbes sur lesquelles elle s'appuie.

On a admis que :

1° Les hachures sont toujours écartées du quart de leur longueur. C'est ce qu'on appelle la *loi du quart.*

2° Elles sont d'autant plus grosses qu'elles sont plus rapprochées.

Il en résulte qu'elles produisent une série de teintes variant du noir presque absolu au blanc, et que les teintes sont d'autant plus foncées que la pente est plus rapide, d'autant plus claires que la pente est plus douce.

La pente la plus faible qu'on exprime par les hachures

est celle de 1/64. Au delà de cette limite, on considère le terrain comme horizontal.

La pente la plus rapide exprimée est celle de 1/1; les pentes plus rapides sont considérées comme des escarpements, comme par exemple les talus qui bordent les routes et les rivières très encaissées.

Dans la carte au 1/80,000° on ne peut se faire une idée de la valeur des pentes que par la teinte des hachures.

ÉCHELLES

L'échelle sert à mesurer toutes les dimensions du terrain représenté dans une proportion en rapport avec la grandeur de la carte.

Si, par exemple, on convient que 1 mètre du terrain sera représenté sur le papier par une longueur de 1 millimètre, c'est-à-dire par une longueur mille fois plus petite, le rapport de ces deux longueurs est de 1 à 1000 et l'échelle est dite au *millième*.

Partant de ce principe :

Au $\frac{1}{10,000}$	1 millimètre de la carte vaut...	10	mètres de terrain.
Au $\frac{1}{20,000}$	— ...	20	
Au $\frac{1}{40,000}$	— ...	40	
Au $\frac{1}{80,000}$	— ...	80	
Au $\frac{1}{100,000}$	— ...	100	
Au $\frac{1}{320,000}$	— ...	320	

Dans le but d'éviter d'avoir à faire à tout instant le calcul, chaque carte porte son échelle construite d'avance, qui donne, pour la longueur mesurée de la carte, la dimension correspondante du terrain en chiffres.

Il est facile de construire soi-même l'échelle d'une carte quand on connaît le rapport. Je suppose qu'on veuille tracer graphiquement l'échelle au $\frac{1}{80,000}$.

On sait que 1 mètre représente 80,000 mètres, 1,000 mètres seront donc représentés par $\frac{1,000}{80,000}$ ou $\frac{1}{80}$. Il suffit donc de diviser 1 par 80 pour avoir la longueur du kilomètre, soit $0^m,0125$.

Cela fait, on porte sur une ligne droite $0^m,0125$ autant de fois qu'on le veut, en élevant une petite perpendiculaire à chaque division et en numérotant 0, 1000, 2000, 3000, etc.; à gauche du zéro on prolonge la ligne de la longueur d'une de ces divisions et on la partage elle-même en dix parties égales, dont chacune représente 100 mètres ou le dixième de la division adoptée. (Voir le tableau page 10.)

Donc, en règle générale, pour construire une échelle, il faut diviser l'unité par le dénominateur de la fraction et multiplier par 100 ou par 1000 suivant qu'on veut avoir les longueurs représentant 100 mètres ou 1,0 0 mètres.

L'échelle graphique étant tracée sur le papier, on prend sur la carte, avec un compas, la distance que l'on veut mesurer; on place ensuite une des pointes du compas sur une des divisions de l'échelle, à droite du zéro, de manière que l'autre pointe vienne tomber à gauche du zéro de l'échelle. On lit ainsi un certain nombre de centaines de mètres ou de kilomètres, plus une fraction qu'on apprécie à l'œil; avec un peu d'attention et d'habitude on arrive à apprécier jusqu'au cinquième des petites divisions de gauche, ce qui donne une approximation très suffisante.

La limite des distances que l'on peut apprécier varie naturellement avec la grandeur de l'échelle. On admet que l'œil peut diviser le millimètre en cinq parties; le cinquième du millimètre correspond, à l'échelle du $\frac{1}{80,000}$, à 16 mètres : c'est donc là l'extrême limite des distances que l'on puisse évaluer dans notre carte de France.

Tableau des signes pour la carte de France au 80,000e.

Ville Fortifiée.

Lignes, Retranch.ts Redoutes.

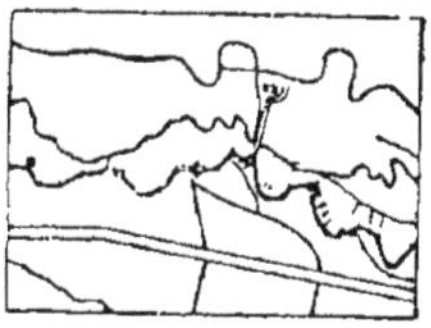

Ville Fermée.

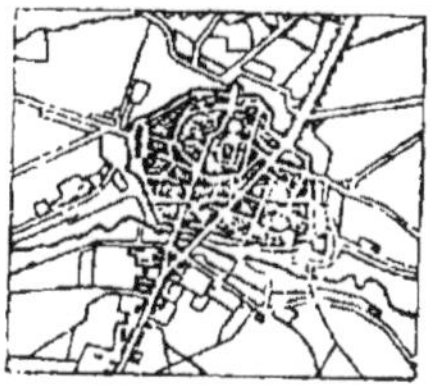

Ville Ouverte.

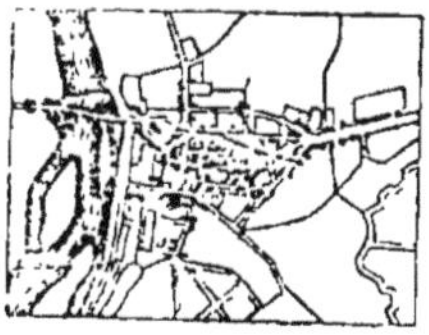

Bourg ou Village

Clôtures.

Clôtures en pierre.

Clôtures en fossés.

Clôtures en levée de terre.

Clôtures en haie.

Eglise.

Chapelle ou Hermitage

Calvaire

Croix.

Château, Manoir

Ferme.

Maison isolée.

Tour.

Phare

Puits.

Fontaine.

Moulin à vent

Moulin à eau.

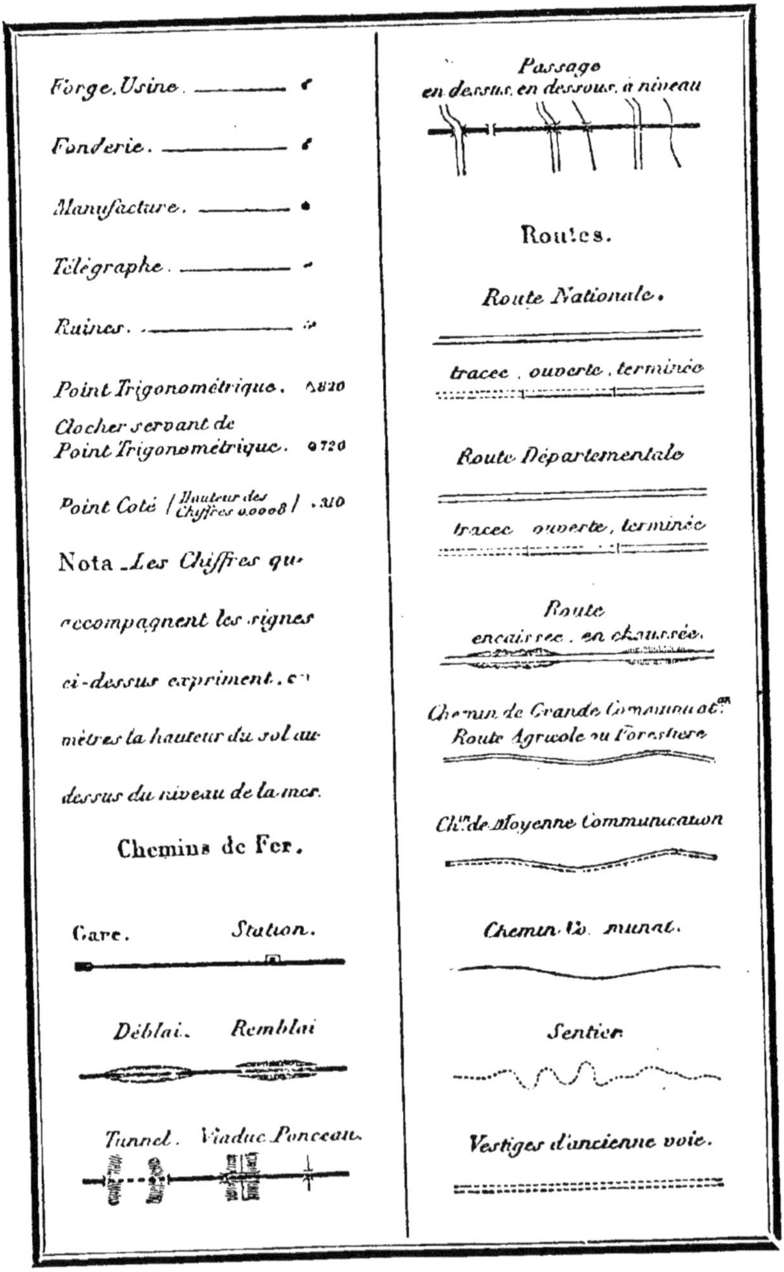

Forge, Usine ....

Fonderie ....

Manufacture ....

Télégraphe ....

Ruines ....

Point Trigonométrique. △820

Clocher servant de Point Trigonométrique. ⊙720

Point Coté (Hauteur des Chiffres 0.0008) .310

Nota _*Les Chiffres qui accompagnent les signes ci-dessus expriment, en mètres la hauteur du sol au dessus du niveau de la mer.*

Chemins de Fer.

Gare. *Station.*

Déblai. *Remblai*

Tunnel. *Viaduc.* *Ponceau.*

Passage en dessus, en dessous, à niveau

Routes.

Route Nationale.

tracée, ouverte, terminée

Route Départementale

tracée, ouverte, terminée

Route encaissée, en chaussée.

Chemin de Grande Communicat.on Route Agricole ou Forestière

Ch.in de Moyenne Communication

Chemin Communal.

Sentier

Vestiges d'ancienne voie.

Canaux.
Grand Canal navigable.
Ecluse
Canal navigable.
Pont
Gare
Tunnel
Aqueduc
Port
Canal d'irrigation.
Fossé.
Digue.
Système de Canaux et Digues.
Pont fixe, tournant etc. Pont de bateaux
Bacs.
Signes Administratifs
Limite d'Etat
Limite de Département.
Limite d'Arrondissement.
Limite de Canton.
Limite de Commune.
PRÉFECTURE
PF
SOUS-PRÉFECT.
SP
CANTON
CT
Bois.
Vignes
Prés.
Vergers.
Haies et Jardins.
Tourbières

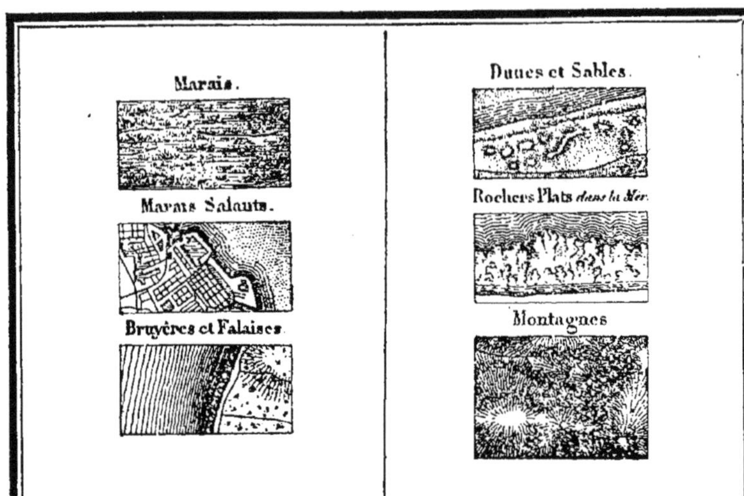
Marais.
Marais Salants.
Bruyères et Falaises
Dunes et Sables.
Rochers Plats dans la Mer.
Montagnes

Tableau des abréviations pour la carte de France au 80,000^{e}

ABRÉVIATIONS.

F^{bg} .... Faubourg.
R .... Rue.
H^{au} .... Hameau.
Cit^{lle} .... Citadelle.
P^{te} .... Porte.
F^{t} .... Fort.
Red^{e} .... Redoute.
Retr^{nt} .... Retranchement.
Bat^{ie} .... Batterie.
Ch^{au} .... Château.
K .... Ker.
T^{r} .... Tour.
S^{al} .... Signal.
Télég^{e} ...... Télégraphe.
Sém .... Sémaphore.
Ph .... Phare
Couv^{t} .... Couvent.
Abb^{e} .... Abbaye.
Eg^{se} .... Eglise.
Cim^{re} .... Cimetière.
Ch^{lle} .... Chapelle.
N. D. .... Notre-Dame.
Cr^{x} .... Croix.
D$_{ne}$ .... Douane.
P^{te} de D^{ne} . Poste de Douane.
Aub^{ge} .... Auberge.
Cab^{et} .... Cabaret.
M^{on} .... Maison.
Dom^{e} .... Domaine.
Ch^{née} .... Cheminée.

P^{on} .... Pavillon.
Colomb^{r} ...... Colombier.
B^{de} .... Bastide.
Mal^{rie} .... Maladrerie.
M .... Mas.
Mét^{ie} .... Métairie.
F^{me} .... Ferme.
Loc^{re} .... Locature.
B^{de} .... Borde.
C^{se} .... Cense.
G^{ge} .... Grange.
B^{on} .... Buron.
J^{se} .... Jasse.
B^{in} .... Barin.
Cay^{r} .... Cayolar.
O .... Orry..
C^{al} .... Cortal.
Hab^{t} .... Habert.
B^{que} .... Baraque.
C^{ne} .... Cabane.
Ec^{ie} .... Ecurie.
Vac^{ie} .... Vacherie.
B^{ie} .... Bergerie.
Ch^{et} .... Chalet.
Etab^{nt} .... Etablissement.
Us^{e} .... Usine.
Fab^{e} .... Fabrique.
Manuf^{re} ..... Manufacture.
Sc^{ie} .... Scierie.
F^{ge} .... Forge.

Pap^{ie}..........Papeterie.
F^{rie}...........Fonderie.
V^{rie}...........Verrerie.
Poud^{ie}........Poudrerie.
Salp^{ie}........Salpêtrerie.
T^{ie}............Tuilerie.
Briq^{ie}.......Briqueterie.
M^{in}............Moulin.
Carr^{e}..........Carrière.
Sal..............Saline.
E. Min..... Eau Minérale.
R^{te}.............Route.
Imp^{le}.........Impériale.
Dép^{le}.... Départementale.
Ch^{in}...........Chemin.
Carref^{r}........Carrefour.
Et^{le}.............Etoile.
Emb^{re}..... Embarcadère.
St^{on}............Station.
P^{ge}............Passage.
B^{re}...........Barrière.
G^{d}, P^{t}, V^{x}, etc...Grand, Petit, Vieux, etc.
I..................Ile
Pl^{au}......... .. Plateau.
R^{au}............Radeau.
C.................Cap.
P^{te}..............Pointe.
P^{t}...............Port.
Ch^{ée}.......... Chaussée.
J^{ée}..............Jetée.
Dig..............Digue.
B^{che}............Bouche.
Emb^{ure}.....Embouchure.
Lag ....Lagune
L^{de}.............Lande.

P........Parc à bestiaux.
L^{te}...............Lette.
L..................Lac.
B^{in}..............Bassin.
Et^{g}.............Etang.
V^{er}..............Vivier.
M^{s}..............Marais.
Fl...............Fleuve.
R...............Rivière.
T$_{nt}$.............Torrent.
R^{au}...........Ruisseau.
P^{t}...............Pont.
F^{ne}............Fontaine.
V^{ée}..............Vallée.
V^{on}............. Vallon.
Q^{r}............Quartier.
C^{al}..............Canal.
Roub^{ne}.........Roubine.
Ec^{se}.............Ecluse.
Aq^{uc}.......... Aqueduc.
Ch^{ne}............Chaîne.
M^{t}................Mont.
M^{gne}..........Montagne.
Som^{t}...........Sommet.
P..................Pic.
Aig^{le}..........Aiguille.
R^{er}.............Rocher.
G^{ge}..............Gorge.
Gl^{er}............Glacier.
F^{t}...............Forêt.
B................Bois.
R^{ise}............Remise.
Sap^{re}.........Sapinière.
Arb..............Arbre.
B^{on}............Buisson.
Etc.

ORIENTATION

Un velocipédiste militaire, bien qu'il doive se trouver généralement sur une route, pourra cependant être dans le cas d'avoir à chercher un quelconque des points cardinaux, c'est-à-dire de s'orienter.

Il y a plusieurs moyens de s'orienter :

Le soleil;
La lune;
L'étoile polaire;
La carte;
La boussole;
La montre.

PAR LE SOLEIL

Se lève à l'est à 6 heures matin, se trouve au sud à midi, se couche à l'ouest à 6 heures soir; donc, lorsque le soleil est visible, il est toujours facile de s'orienter si l'on connaît l'heure; voir la hauteur du soleil au-dessus de l'horizon. Si l'on veut la direction du nord, lorsqu'il est environ midi, planter verticalement en terre un bâton, prendre la longueur des ombres portées; l'ombre minima donne la direction de la ligne N.-S.

PAR LA LUNE

D'abord il est utile de savoir :

1° Que la lune nouvelle marche avec le soleil; 2° qu'elle retarde d'environ cinquante minutes sur le soleil.

La lune va de l'est à l'ouest en passant par le sud aux heures suivantes :

1er quartier : est, sud, 6 heures soir; ouest, minuit.

Pleine lune : est, 6 heures soir; sud, minuit, ouest, 6 heures matin.

Dernier quartier : est, minuit; sud, 6 heures matin, ouest ».

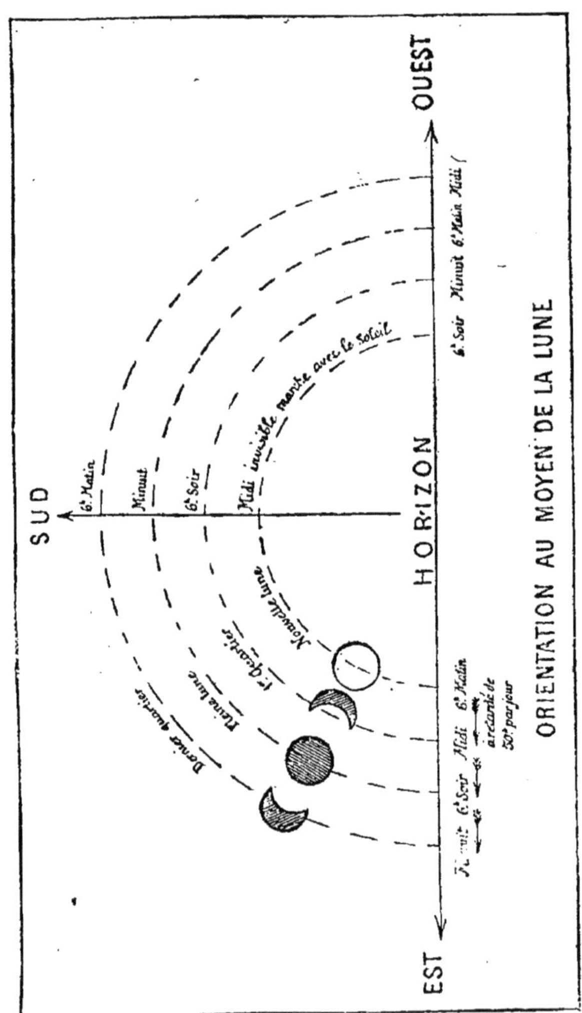

ORIENTATION AU MOYEN DE LA LUNE

Quand la lune croît, le croissant a la forme d'un D; quand elle décroît-il à la forme d'un C.

Donc connaissant approximativement l'âge de la lune, on en déduit facilement l'heure à laquelle elle passera à l'est, au sud ou à l'ouest.

PAR L'ÉTOILE POLAIRE

L'étoile polaire donne la direction du nord. On la trouve en prolongeant la ligne joignant les deux étoiles extrêmes de la Grande-Ourse et en prenant sur cette ligne cinq fois la distance qui sépare ces deux étoiles.

PAR LA BOUSSOLE

La pointe bleue de l'aiguille aimantée donne la direction du nord. Il y a cependant un petit écart qu'on nomme déclinaison et qui est variable.

Actuellement, à Paris, la déclinaison est de 15°42 environ à l'ouest du méridien de l'Observatoire (ligne N.-S.).

Elle diminue de huit à dix minutes par an.

Pour que l'aiguille marque la direction du Nord, il faut donc que la pointe bleue se trouve à 15°25 à l'ouest de la direction N.-S.

Quand on fait usage de la boussole, il faut s'éloigner de tout objet en fer capable d'influencer l'aiguille, — à 12 mètres au moins d'un canon en acier, à 2 ou 3 mètres d'un fusil.

PAR LA MONTRE

Remarquer d'abord que l'aiguille des heures de la montre décrit une circonférence complète (douze heures) pendant que le soleil semble parcourir une demi-circonférence; donc, le déplacement de l'aiguille sera toujours double de celui du soleil pendant le même laps de temps.

Donc, pour trouver, à l'aide de la montre, la direction du sud, il faut : 1° Placer la petite aiguille dans la direction du soleil; 2° prendre la bissectrice de l'angle que l'aiguille des heures aura déjà parcouru depuis midi ou parcourra jusqu'à midi. Cette bissectrice donne la direction du soleil à midi, et, par conséquent, le sud.

Lorsqu'on marche dans une direction donnée en s'orientant au moyen du soleil, il faut, si la marche doit être longue, régler constamment sa propre marche d'après celle du soleil.

PAR LA CARTE

Il suffit de placer une des lignes de la carte parallèlement à la ligne correspondante du terrain.

La carte une fois placée donne elle-même la direction des points cardinaux. En général les côtés latéraux de la carte indiquent la direction N.-S., sinon cette direction est indiquée par une flèche.

ORIENTATION DE LA CARTE PAR LA BOUSSOLE

Pour orienter la carte, placer les côtés du cadre parallèle à l'aiguille de la boussole, le bord supérieur du côté de la pointe. Dans le cas où la carte ne porterait qu'une flèche indiquant la direction du nord, on fait correspondre le côté de la boussole parallèle à la direction N.-S. avec cette flèche.

CARTES

Nous donnons ici les renseignements suivants relatifs aux deux principales cartes d'état-major.

CATALOGUE des cartes, plans et autres ouvrages publiés par le service géographique de l'armée (édition de 1892). — Brochure in-8o de 80 pages et 11 tableaux d'assemblage. 1 », *franco* 1 35

CARTE DE FRANCE dite de l'ÉTAT-MAJOR, au 80,000e, en 273 feuilles :

Gravure sur cuivre, *type* 1889, le quart de feuille	1 »,	*franco*	1 05
Gravure sur cuivre, *ancienne édition* la feuille	2 »,	—	2 10
Report sur zinc, *type* 1889, le quart de feuille	» 30,	—	» 35
Report sur zinc, *ancienne édition*, le quart de feuille	» 10,	—	» 15
Report sur zinc, *ancienne édition*, la feuille entière	» 50,	—	» 60
TABLEAU D'ASSEMBLAGE des feuilles de çette carte, grand format	» 50,	—	» 60
Petit format	» 10,	—	» 15

Pour les quarts parus dans l'édition type 1889, consulter le tableau alphabétique des feuilles composant la carte de France au 1/80,000. Les feuilles qui ne sont pas encore publiées en quart type 1889 existent dans l'ancien type.

TABLEAU D'ASSEMBLAGE des feuilles composant les cartes de France au 80,000e, au 320,000e et au 200,000e.

Une feuille, moyen format	» 25,	*franco*	» 30

CARTE DE FRANCE, au 320,000e, en 33 feuilles, *réduction au quart de la carte d'état-major* au 80,000e, gravée sur cuivre de 1852 à 1883.

Gravure sur cuivre, la feuille	2 »,	*franco*	2 10
Report sur zinc, la feuille	» 50,	—	» 60
Tableau d'assemblage, petit format	» 10,	—	» 15

Nos lecteurs pourront se procurer des cartes chez l'éditeur de ce livre.

Les cartes d'état-major livrées par la librairie militaire Henri CHARLES-LAVAUZELLE sont toujours de la dernière édition parue; mais cela ne veut pas dire qu'elles sont complètement à jour. On sait qu'elles ne sont revisées que tous les cinq ans.

Afin d'éviter des écritures inutiles, il est bon de joindre à chaque demande un mandat postal représentant la valeur de l'ordre, plus 0 fr. 10 par feuille ou 0 fr. 05 par quart de feuille, pour frais de transport et d'envoi.

CHAPITRE VII

DES CAOUTCHOUCS

Caoutchoucs ; plein, creux, pneumatique. — Inconvénient du caoutchouc plein. — La sécurité du cercle creux au point de vue militaire. — Fabrication du caoutchouc. — Le bandage pneumatique : des pneumatiques en général ; la chambre à air auto-réparable Torrilhon. — Bénéfice de cette invention. — Expériences. — A propos des marques françaises et anglaises.

Parmi le nombre, qui s'accroît chaque jour, des caoutchoucs pour roues de vélocipèdes, et quelles que soient les qualités et les défauts de chacun, il convient de n'en distinguer généralement que trois qui ont les uns et les autres leurs partisans comme leurs détracteurs. Ce sont le caoutchouc *plein,* le caouchouc *creux* et le caoutchouc *pneumatique.*

Jusqu'en 1868, on sait que les roues de vélocipèdes étaient garnies d'un cercle de fer très mince. Ce n'est qu'à partir de cette époque que le caoutchouc fit son apparition. Le premier bandage qui fut mis en circulation se composait d'un cercle en caoutchouc de section rectangulaire posé dans une jante en forme d'U. Ce caoutchouc, qui sortait fréquemment de la jante, ne tarda pas à amener l'adoption de la colle et on peut dire que, depuis ce moment jusqu'au jour où on imagina le caoutchouc creux (cushion tyre), le plein a régné en maître en modifiant à la fois sa forme et sa composition.

Voyons maintenant, en nous plaçant exclusivement au point de vue de la vélocipédie militaire, la valeur des trois caoutchoucs.

LE CAOUTCHOUC PLEIN

Aussi bien dans le tourisme qu'aux manœuvres, on voit encore beaucoup de machines munies du caoutchouc plein, et, à l'heure actuelle, le commerce en livre tous les jours.

A notre avis, on comprendrait à la rigueur qu'on se servît du caoutchouc plein lorsqu'on est possesseur d'une machine munie de ce caoutchouc, mais nous croyons qu'il faut avoir un esprit peu éclairé pour faire aujourd'hui l'acquisition de ce modèle qui finira certainement par être complètement abandonné.

Le problème que le constructeur s'est toujours posé et qui n'est pas, même depuis l'adoption du pneumatique, tout à fait résolu, est d'éviter la trépidation, inconvénient à la fois désagréable et pénible tant pour le cavalier que pour la machine. Or, le caoutchouc plein, en dépit de la meilleure construction, cause une trépidation dont on peut se rendre compte de toute l'étendue lorsqu'on montera un caoutchouc creux et surtout un pneumatique après avoir monté un plein.

Le peu de sécurité qu'a offert au début le pneumatique a pu donner l'idée de revenir au caoutchouc plein, particulièrement pour les touristes qui font beaucoup de route; mais, il faudra bien en convenir, le plein est appelé à une déchéance prochaine et totale que lui vaudront moins encore ses nombreux défauts que les qualités de ces deux congénères: le creux et le pneumatique.

Au point de vue militaire, il est certain que la machine doit présenter une absolue sécurité. On l'a si bien compris que l'article 33 du règlement prévoit le cas d'une mauvaise construction et prescrit ceci :

« Lorsque la machine n'est pas jugée susceptible de faire un bon service, l'affectation du vélocipédiste est annulée et le commandant du corps d'armée prononce, s'il y a lieu, le changement d'arme nécessaire. »

Ce serait une erreur de croire à l'absolue sécurité par le caoutchouc plein, erreur que l'expérience démontre par cette remarque : *que les machines à caoutchouc plein sont celles qui se détraquent le plus souvent et s'usent le plus rapidement*.

C'est tout naturel. Pourquoi est-on arrivé à construire des machines de 12 à 14 kilogrammes qui ne se dérangent presque jamais? Précisément parce que, au moyen des caoutchoucs perfectionnés, on a obvié à la trépidation, ce qui, outre la légèreté obtenue, a permis de réduire la somme d'effort et de réaliser des vitesses très grandes que l'on chercherait en vain à accomplir avec une machine lourde.

Nous conseillons donc aux vélocipédistes militaires l'abandon du caoutchouc plein.

LE CAOUTCHOUC CREUX

La faveur spéciale dont a joui à son début le caoutchouc creux va sans cesse en augmentant, et si une invention toute récente n'était venue apporter un grand perfectionnement au bandage pneumatique, le caoutchouc creux serait à notre avis le meilleur caoutchouc pour bicyclette militaire. Quoi qu'il en soit, aux velocemen qui éprouvent encore des appréhensions à l'égard du pneumatique, la machine qui leur convient le mieux est assurément celle munie du caoutchouc creux.

Sa plus grande qualité, aujourd'hui reconnue et bien qu'il soit naturellement plus lourd que le plein, est sans contredit son agréable vélocité qu'on obtient précisément par l'amoindrissement de la trépidation. M. Charron, le champion bien connu qui a couru une saison sur le creux, estime que, par l'anéantissement des secousses du coup de pédale, on évite une déperdition de force évaluée à 30 p. 100.

Mais, à coté de cette qualité suffisante pour justifier l'adoption de ce modèle, il convient de signaler les critiques qui ont été faites aux premiers caoutchoucs creux, critiques devenues sans valeur sous la poussée du perfectionnement et qui, par cela même, n'en montrent que mieux la bonté du caoutchouc creux actuel.

La première critique, source d'ailleurs de tous les autres inconvénients, s'appliquait à la coupure du caoutchouc. Le caoutchouc creux, au début, se coupait fréquemment sous la pression du frein au — rabotage — et dès lors devenait presque irréparable.

Cela tenait non seulement à la confection de la jante, mais encore à la fabrication du caoutchouc, et, sur ce dernier point, il y a encore beaucoup de fabricants qui, tout en étant de bonne foi, livrent des machines munies de bandages absolument défectueux.

Les indications qui nous ont été données sur la fabrication du cercle creux ne manqueront pas de jeter quelque lumière et nous pouvons nous permettre de dire qu'à l'heure actuelle, seul le fabricant de caoutchouc sait mieux que le constructeur la valeur de tous les caoutchoucs réunis.

La meilleure qualité est celle appelée généralement le *Para pur* et dont le prix de revient est le plus élevé. Longtemps, le constructeur, animé des meilleurs intentions et en dépit des avis contraires du fabricant de caoutchouc, n'a voulu munir les machines que de Para pur. Si bonne que soit cette qualité, il est arrivé que les bandages se coupaient sous l'action du frein, s'écaillaient et devenaient en peu de temps hors d'usage.

Outre ce défaut capital, le glissement sur le pavé gras s'opérait bien plus facilement et, cependant c'était du « Para pur ».

On a donc fini par déterminer une fabrication rationnelle par un mélange proportionné de gommes de différentes provenances et qui réalisent une élasticité très grande en même temps qu'une garantie de durabilité et un amoindrissement du glissement.

Tels sont, par exemple, les cercles creux fabriqués par une des premières manufactures françaises, la manufacture Torrilhon et Cie de Clermont-Ferrand, qui, on le sait, a fait faire de grands progrès à l'industrie du caoutchouc et dont la fabrication est universellement répandue.

Aux usines Torrilhon, on produit un caoutchouc dans lequel entrent, dans une proportion convenable, des gommes du Centre-Amérique et du Para pur, et qui donne à l'usage les meilleurs résultats. Ce caoutchouc, de couleur gris-noir, présente quelque résistance au toucher et semblerait moins élastique ; il n'en est rien, et le veloceman y gagne de pouvoir se servir plusieurs années de ses bandages, sans être obligé de les renouveler fréquemment comme cela se produisait avec le Para pur.

Beaucoup de vélocipédistes semblent accorder plus ou moins de confiance aux caoutchoucs de couleur rouge dont sont généralement munies les machines de mauvaise fabrication.

A ceux qui ignorent ces détails, nous pouvons dire que la couleur du caoutchouc n'influe en rien sur sa qualité. La différence de couleur provient de la vulcanisation du caoutchouc. Cette vulcanisation s'opère, pour la couleur grise, avec du soufre ordinaire, tandis que, pour obtenir la couleur rouge, on emploie le sulfure d'antimoine.

L'un et l'autre peuvent être de plus ou moins bonne qualité, le mélange seulement détermine cette qualité.

Un autre point sur lequel doit se porter l'attention dans le choix d'une machine à caoutchouc creux, est la jante.

Avec les premiers caoutchoucs creux, surtout lorsque les cercles étaient en para pur, on a vu des caoutchoucs se couper sur la jante, à différents endroits, dans le sens de la circonférence. Là aussi, on a obvié à l'inconvénient par l'adoption de la *jante creuse,* dont la forme se prête à l'aplatissement du bandage sans que celui-ci puisse se trouver, au roulement, en contact avec les bords.

Les principales qualités d'une machine à cercles creux doivent donc reposer sur le caoutchouc et sur la jante. Quant aux autres conditions, elles sont subordonnées à la fabrication proprement dite, fabrication qui n'est garantie que par la réputation des bonnes marques.

LE BANDAGE PNEUMATIQUE

Le pneumatique ! S'il fallait analyser tout ce qui a été écrit sur le pneumatique et mentionner tous les pneumatiques nouveaux qui ont été imaginés depuis que M. Dunlop a inventé le sien, un livre ne suffirait pas.

De tous ces documents et de ces multiples inventions, il ne faut retenir qu'une chose éclatante de vérité et qui donne par contre-coup la fièvre aux chercheurs avides de découvertes.

Depuis qu'il existe, le pneumatique, sur toutes les pistes, est toujours sorti victorieux, il a toujours battu ses deux aînés, et, comme disent les Anglais, *c'est le plus vite.*

De tous les gaz ou fluides, on peut dire que l'air est assurément le plus difficile à emmagasiner. Or, comme l'invention du pneumatique se résume à l'emmagasinement d'une colonne d'air comprimé autour d'une roue, il est évident que la destination naturelle d'un vélocipède expose fréquemment cette colonne d'air à des accidents nombreux et, par conséquent, à sa disparition ; il suffit d'une pointe d'aiguille : c'est peu, mais c'est déjà trop.

Mais le bandage pneumatique donne une si agréable sensation de vélocité, en même temps qu'il réalise une si grande vitesse, que l'on verra encore bien des gens chercher la solution de ce problème : *rendre le caoutchouc pneumatique increvable.*

Jusqu'à présent on n'y est pas encore arrivé. Le progrès est évident, mais on n'a pu faire qu'un pneumatique *réparable* et que vient heureusement de perfectionner l'invention récente à laquelle nous consacrons plus loin une note spéciale, celle de M. Bouëry, ingénieur de la manufacture Torrilhon et Cie.

Il a été question un moment, a-t-on dit, d'interdire au vélocipédiste militaire l'usage du pneumatique. Cette décision eût été, croyons-nous, un peu arbitraire. S'il est vrai que l'on a vu aux manœuvres de l'Est des vélocipédistes démontés par suite du dégonflement du pneumatique, il ne s'ensuit pas que, même au point de vue militaire, ce système doive être abandonné. C'est avec lui, au contraire, que l'on parcourra en peu de temps de ongues distances, et cela suffit seul à le faire admettre.

Les pneumatiques actuels se composent en général d'une chambre à air (magasin d'air) indépendante et d'un bandage ou enveloppe protectrice dont l'épaisseur varie selon que la machine est destinée à la piste ou à la route. Les uns sont *détachables,* c'est-à-dire que chambre à air et enveloppe ne sont pas collées et adhèrent à la jante par la propre pression de l'air. Quant au Dunlop, le bandage est retenu sur la jante plate au moyen de toiles que l'on colle avec une solution spéciale, disposition réalisant une très grande élasticité, mais qui, au point de vue de la réparation est diversement appréciée.

Le perfectionnment de la valve qui, défectueuse au début, causait souvent elle-même une déperdition d'air et même le dégonflement total, est venu donner cette année une plus grande sécurité au pneumatique, mais cela ne suffirait pas encore à l'adopter comme machine militaire.

Ainsi que nous l'avons dit plus haut, il faut au vélocipédiste militaire la garantie absolue de sécurité pour accomplir sa mission. Or, avec le pneumatique, cette garantie de sécurité lui est-elle donnée autant que par les deux autres caoutchoucs ? Assurément non, mais le vélocipédiste peut parfaitement obvier à l'inconvénient du pneumatique s'il est suffisamment expérimenté, en un mot, s'il sait réparer le bandage.

Comment répare-t-on un pneumatique ? L'opération est d'une extrême simplicité ; mais, si banale qu'elle paraisse à un cycliste de métier, elle constitue souvent pour un débutant une véritable difficulté, ce qui ne laisse pas d'être une grande entrave à son adoption en général et surtout à son application militaire.

Le pneumatique se répare au moyen d'un petit morceau de caoutchouc que l'on applique avec de la colle spéciale à l'endroit où la perforation s'est produite. On recouvre ensuite ce morceau de caoutchouc d'une toile enduite préalablement de la même colle et, lorsque ce « pansage » est jugé suffisamment sec, on n'a qu'à regonfler le bandage au moyen d'une petite pompe portative, et voilà notre pneumatique en état de supporter de nouveau son cavalier et de parcourir la route.

Cependant, malgré tout le soin qu'on apporte à ce « pansage », il arrive très fréquemment que la réparation ne tient pas et qu'une nouvelle fuite se déclare à côté de celle que l'on avait obturée.

On comprendra que, dans ces conditions, il a fallu chercher un moyen radical de suppléer à ce grave inconvénient et le moment est venu, par suite de l'invention de l'ingénieur Bouëry, où le pneumatique se réparant de lui-même — *pneumatique auto-réparable* — supplée pour ainsi dire à l'ignorance du veloceman. C'est là, en effet, où git la bonté de ce système que nous allons décrire et qui permet au cycliste, en cas de perforation, de pouvoir continuer sa route sans être même obligé de regonfler le bandage.

Ce sytème aussi simple qu'ingénieux trouve son explication par la gravure ci-dessous : dans l'intérieur de la chambre à air, au sommet ou plafond, on a fixé une série de petites lamelles ou soupapes en tissu caoutchouté, d'une largeur de 68 millimètres environ, se recouvrant les unes les autres et qui, sous la pression de l'air contenu dans la chambre, jouent absolument, en cas de perforation, le rôle d'un clapet et obturent radicalement le moindre trou.

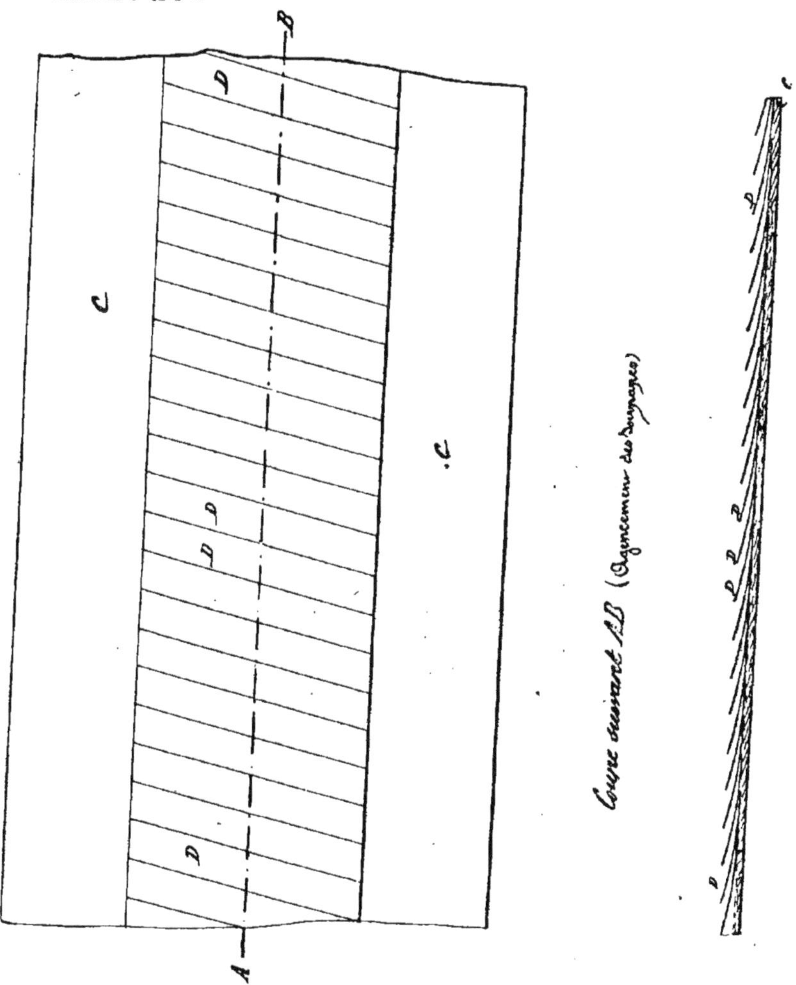

DÉVELOPPEMENT DE LA CHAMBRE A AIR

(Plan des soupapes.)

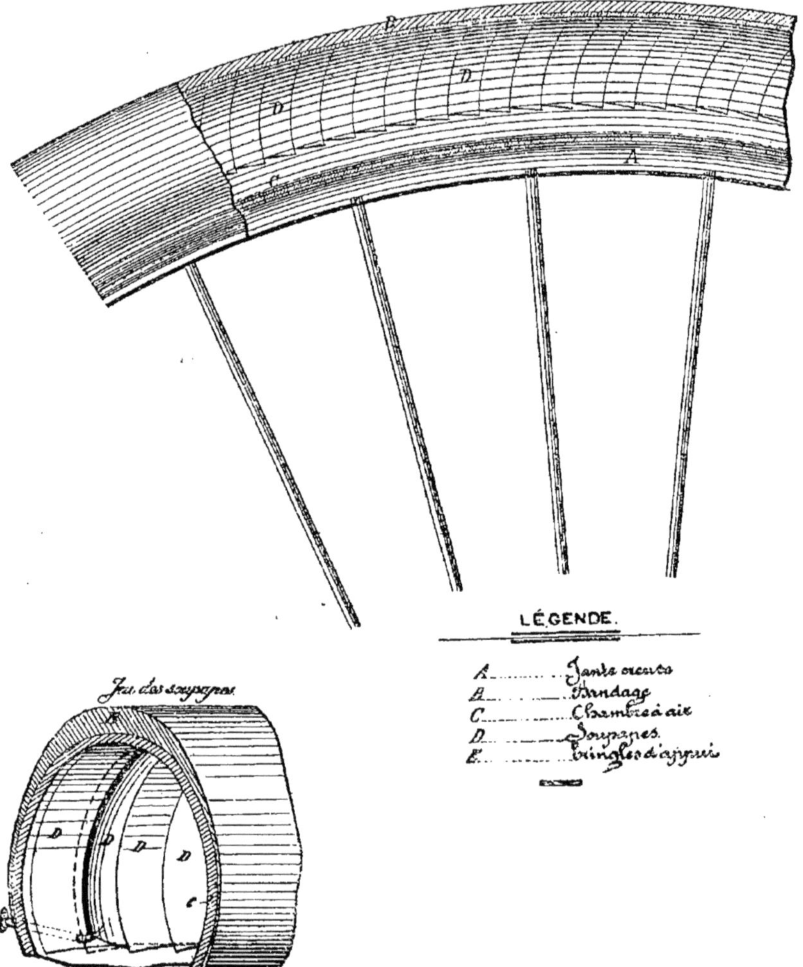

Nous devons ajouter qu'à la première nouvelle de l'invention de ce merveilleux système, le scepticisme du monde vélocipédique ne fut pas vaincu et que l'ingénieux auteur de la découverte fut obligé de faire des expériences dont nous rendons compte ici et qui constituent le meilleur des arguments en faveur du pneumatique, c'est-à-dire du caoutchouc qui, dans un jour prochain, est appelé à justifier l'abandon à la fois du plein et du creux.

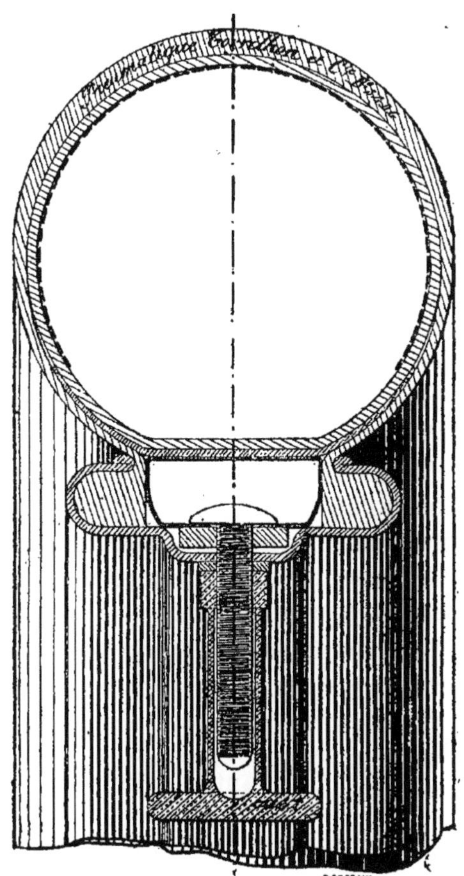

SYSTÈME D'ATTACHE DU PNEUMATIQUE A CHAMBRE A AIR AUTO-RÉPARABLE

Voici dans quel ordre ont été exécutés les essais qui ont eu lieu sur la piste récemment aménagée à Paris, à la Plaza de Toros, près du Bois de Boulogne.

Une première machine a fait, à une vitesse très modérée, cinq tours de piste, en passant à chaque tour sur 50 kilogrammes de tessons de bouteilles et de verre cassé, disposés sur une longueur de 3 mètres à $3^{m},50$. Une des personnes présentes ayant objecté que le verre était trop tassé et que les morceaux glissaient les uns sur les autres, on a éparpillé le verre sur une plus grande longueur ; un deuxième invité ayant demandé que le verre fût mouillé, pour augmenter son pouvoir perforant, on a mouillé le verre et fait un sixième tour de piste dans ces nouvelles conditions. Une autre personne ayant trouvé l'allure trop rapide, on a fait un septième tour de piste en passant sur le verre aussi doucement que possible. Les cercles étaient alors percés de nombreux trous, mais pas un ne perdait l'air et la pression s'est maintenue constante.

La deuxième expérience a consisté à faire passer une autre machine sur 2 kilogrammes de petites pointes de tapissiers et de clous de souliers à têtes rondes se tenant, naturellement, la pointe en l'air.

Comme dans le cas précédent, on a fait cinq ou six tours de piste en passant chaque fois sur ces clous qui étaient semés sur une longueur de 3 mètres à 3^m,50. A l'arrêt, toutes les personnes présentes ont pu constater que chacun des cercles avait emporté plus de quarante pointes qui étaient encore absolument fichées dans le caoutchouc ; il y avait aussi de nombreux trous faits par d'autres clous qui ne s'étaient pas fixés. Malgré ces perforations, la pression n'a pas diminué et les pneumatiques étaient en aussi bon état qu'au départ.

Pour suivre la progression, on a fait passer une troisième machine sur une planche de 2 mètres de longueur sur environ 40 à 50 centimètres de largeur et toute garnie de pointes dépassant 15 millimètres, disposées la pointe en l'air. Le premier tour de piste avait été fait sur la planche posée en travers, de façon que cinq ou six pointes seulement pénétrassent à chaque tour dans le cercle; mais un spectateur, ne trouvant pas cette quantité suffisante pour le convaincre, demanda à placer la planche en long, c'est-à-dire de façon que quarante-cinq ou cinquante pointes pénétrassent à la fois dans le cercle. Quoique cette épreuve fût ainsi excessive et poussée à l'extrême, on accéda à son désir, et tous les invités ont pu constater *de visu* que les petits clapets avaient admirablement fonctionné et que pas un des nombreux trous ne perdait d'air.

Enfin, pour terminer, on fit passer une bicyclette de course ayant des enveloppes de 1 millimètre d'épaisseur seulement, sur les trois obstacles successivement, les tessons de bouteilles, les clous et la planche. Les trous produits dans cette dernière expérience par tous ces corps étaient innombrables et pourtant la pression n'avait pas diminué.

Si pessimiste que l'on soit à l'égard du pneumatique, il faut cependant convenir que ces résultats sont absolument inattendus.

Ils ont commencé déjà à faire revenir bien des hommes du sport de leurs préventions et nous croyons devoir en conclure que, dans le service de la vélocipédie militaire, le pneumatique muni de la chambre à air Torrilhon pourra enfin réaliser la garantie de sécurité qui est, en toutes choses, en général, l'assurance du succès.

A PROPOS DES MARQUES

On a entendu poser souvent cette question : « Quelle est la meilleure machine ? »

Depuis les progrès qu'a faits l'industrie vélocipédique, on pourrait hardiment répondre que la meilleure machine est celle de l'année. Mais on va plus loin et on n'hésite pas à ajouter à cette interrogation, la question suivante : « Préférez-vous une machine de construction anglaise à une machine de fabrication française ? » A cela on peut répondre plus catégoriquement.

Au prix de grands sacrifices d'argent, les constructeurs anglais et français, — mais surtout les Anglais, dans un but de réclame, — font tout leur possible pour qu'une machine de leur marque arrive ou *première* ou *bien placée* dans une course. Une machine arrivée première est *habilement exposée à côté d'une intelligente pancarte qui* attirera le regard du passant ; de sorte que, dans une course quelconque, on voit souvent plusieurs machines, glorieusement couvertes de boue, et qui ont toutes accompli de longues distances sans, pour cela, prouver la supériorité qu'elles peuvent avoir les unes sur les autres.

Il est incontestable que les Anglais — qui n'ont pas inventé le vélocipède, comme beaucoup de personnes l'affirment — ont constamment travaillé à son perfectionnement et ont, par cela même, beaucoup aidé au développement du sport vélocipédique. Tout en reconnaissant cette influence indéniable, il ne faut pas en déduire que les machines de construction française ne doivent pas être préférées aux machines anglaises, surtout à une époque ou l'industrie vélocipédique est devenue une des branches les plus prospères de l'industrie française générale.

Pour nous, le goût particulier qu'ont certains vélocemen pour la machine anglaise ressemble fort à la manie dont sont atteints d'autres gens pour le chapeau ou la chaussure, objets par exemple que la fabrication française fournit à un aussi bon marché, et dont la réputation d'élégance a soulevé souvent la discussion, parce que, justement, on avait voulu imiter une mode étrangère.

Nous pourrions faire ici une revue de toutes les usines françaises où l'on construit maintenant le vélocipède avec une sûreté et une confiance que n'arriveront jamais à posséder nos concurrents d'outre-mer. Nous nous bornerons à n'en citer qu'une seule, la plus importante, et que la puissance de son commerce place au-dessus de la réclame la mieux intentionnée : nous voulons parler des usines Peugeot, qui occupent plus de 2,000 ouvriers et à qui l'armée demande les premières machines militaires *pour essais ; quatre bicyclettes de cette marque, notamment*, sont en service depuis l'automne dernier au 11e régiment de hussards, *à Belfort.*

D'ailleurs, indépendamment du sentiment patriotique *qui doit nous obliger à nous approvisionner dans notre* industrie, il n'y a pas intérêt, aujourd'hui surtout, à monter une machine anglaise de préférence à une machine française. Les constructeurs français et anglais font de bonnes et de mauvaises machines ; cela dépend du prix qu'on y met.

CHAPITRE VIII

HABILLEMENT, ÉQUIPEMENT, ARMEMENT

Habillement. — A propos de la chaussure. — La jambière en cuir. — Equipement. — Armement. — Du revolver et du fusil. — Conseils au sujet des manœuvres.

L'article 25, au chapitre III du règlement du 24 avril 1892, détermine ces trois points importants de la vélocipédie militaire. L'habillement, l'équipement et l'armement ont, en effet, une très grande portée dans la pratique du vélocipède approprié à l'armée.

L'habillement comprend :

HABILLEMENT

1° Capote ou manteau réglementaire de l'arme ou du service roulé sur le sac ou dans le ballot;

2° Vareuse du modèle des chasseurs alpins avec numéro du corps ou attributs du service;

3° Pantalon d'ordonnance, sans basane en cuir pour les armes à cheval;

4° Pèlerine courte en drap, du modèle des zouaves;

5° Képi du modèle réglementaire de l'arme;

6° Brassard en drap de couleur du fond portant comme attribut un vélocipède en drap rouge pour les caporaux, brigadiers ou soldats, en or ou en argent pour les sous-officiers.

Art. 26. — Le linge attribué aux vélocipédistes comporte les effets réglementaires; toutefois, ils sont pourvus de deux chemises de flanelle de coton.

Art. 27. — La chaussure est le brodequin réglementaire de l'infanterie avec jambières en cuir pour toutes les armes.

La deuxième paire de chaussures est la chaussure de repos réglementaire pour les troupes à pied et la botte pour les armes à cheval.

Au point de vue de l'habillement proprement dit, bien que le règlement y ait apporté une heureuse modification, notamment en ce qui concerne les anciennes jambières en drap bleu d'une application très défectueuse, qu'on nous permette de faire une remarque au sujet de la chaussure.

Certes, les vélocipédistes seront bien obligés de se conformer aux prescriptions; mais, en ce qui touche la chaussure, celle qui leur sera distribuée présente un très grand inconvénient.

Il n'est pas besoin d'avoir une très grande pratique du vélocipède pour se rendre compte que la chaussure doit être souple et se prêter à l'appui du pied sur la pédale. Or, le brodequin, excellente chaussure militaire pour la marche, paraît ne pas convenir au cycliste militaire.

Nous conseillerons donc aux réservistes auxquels, d'ailleurs, on permet d'utiliser pour les manœuvres les chaussures qu'ils apportent à leur corps, de se munir autant que possible de souliers dont les semelles seront très minces, surtout si les pédales de leur machine sont caoutchoutées.

En ce qui concerne la jambière en cuir qui leur sera distribuée, avoir soin qu'elle soit très évasée à la cassure de la jambe pour que, au moment où se produit la flexion, le haut de la guêtre ne puisse frotter sur la partie basse de la cuisse.

ÉQUIPEMENT

Art. 28. — L'équipement comprend :

1° L'étui-musette du modèle réglementaire ;

2° Un sac à dépêches ;

3° Le petit bidon et le quart ;

4° Le havresac du modèle réglementaire pour les troupes à pied ; cet objet est porté sur les voitures ;

5° L'étui de revolver avec ceinture.

ARMEMENT

L'armement est constitué par le revolver du modèle régimentaire avec dix-huit cartouches et provisoirement par la carabine de cavalerie.

Il ne nous appartient pas de critiquer le règlement au point de vue de l'armement du vélocipédiste.

Cependant, une discussion a été soulevée dans le monde spécial : le vélocipédiste doit-il être armé du fusil ou du revolver?

A notre avis, en raison du caractère même de ses attributions et du service qu'on en attend, l'action du vélocipédiste est réduite au rôle défensif. Dès lors, le vélocipède pouvant, à un moment donné, se dérober comme le cheval blessé se dérobe, l'état du vélocipédiste apparaît semblable à celui du cavalier : la carabine de cavalerie — en campagne — semble tout indiquée pour constituer l'armement des vélocipédistes.

Je citerai ici l'opinion d'un homme très éclairé, M. R. de Kerandantec, et qui résume cette question :

« Si l'on ne veut, dit-il, utiliser la vélocipédie militaire que pour le service des transmissions, il faut sacrifier tout à la rapidité. Pour les cyclistes, le combat, l'occasion de faire le coup de feu ne sera que l'exception, tandis que la course en deçà de la ligne des avant-postes ou des reconnaissances sera la règle. Il est donc préférable de leur donner le revolver : cette arme, assurément, n'est pas bien redoutable au delà de 30 mètres, mais pourtant elle a, pour qui sait s'en servir, une valeur défensive incontestable ; elle peut, dans bien des cas, être même un simple moyen d'intimidation assez efficace pour forcer le passage. Enfin, et par dessus tout, son poids minime (1 kilog. 195) ne constitue pas une charge susceptible d'entraver la vitesse du vélocipédiste.

» On pourrait, comme moyen terme, donner aux cyclistes la carabine de cavalerie, pesant environ 600 grammes de moins que le fusil et plus courte de 13 centimètres; mais ce sont là, en poids et en longueur, des réductions insignifiantes. Mieux vaudrait poser en principe que, pour le service d'estafette, le cycliste aura, en règle générale, le revolver, et que, lorsqu'il sera démonté, il reprendra le fusil aux côtés de ses camarades. Les voitures à bagages ne sont-elles pas aménagées de manière à recevoir les armes et les sacs des hommes momentanément empêchés de les porter eux-mêmes? D'ailleurs, le dispositif en usage chez les Anglais pour arrimer le fusil à la machine est d'une telle simplicité que rien ne s'oppose à ce qu'il soit adapté au modèle uniforme dont nous espérons voir l'Etat entreprendre la fabrication ; dès lors, l'armement du cycliste pourrait être approprié aux circonstances. Il aurait, en général, le revolver ; mais, dans les cas où son service l'appellerait à franchir la ligne des postes avancés ou des patrouilles de sûreté, il pourrait être exceptionnellement armé de son fusil. »

Ces considérations émises, il ne nous reste plus qu'à donner le conseil suivant :

Sur route, en colonne, l'équipement réglementaire,

malgré son poids léger, embarrasse le vélocipédiste, surtout par une chaleur excessive ; placer l'étui de revolver sur le cadre de sa machine au moyen de la courroie qui sert à le porter en sautoir.

Dans le service de nuit, en manœuvre, lorsque la mission qu'on aura à accomplir peut permettre d'être de retour avant le départ de la colonne ou de l'escorte du général auquel on est attaché, le vélocipédiste pourra laisser son équipement au cantonnement, en ayant le soin, bien entendu, de le placer dans un endroit où il puisse sûrement le retrouver ; tous les militaires savent trop, du reste, à quelles peines disciplinaires entraîne la perte d'un objet d'équipement pour qu'il soit nécessaire d'insister sur ce point.

On pourra également, lorsqu'on sera de garde, mettre son équipement au poste de police, mais on devra en informer le chef du poste.

PARTIE COMPLÉMENTAIRE

DE L'EXAMEN POUR L'ADMISSION COMME VÉLOCIPÉDISTE MILITAIRE

Le chapitre II du règlement que nous publions en tête de ce livre doit être lu attentivement par les vélocemen qui désirent être affectés au service vélocipédique de l'armée.

Une des conditions les plus importantes pour l'admission, — indépendamment de l'examen oral qui porte sur la lecture des cartes, la connaissance des signes distinctifs des états-majors, l'échelonnement et les formations habituelles des éléments des colonnes, — est la course sur route qui sera accomplie sur l'itinéraire fixé par le chef du corps auquel on est affecté, soit comme militaire actif, soit comme réserviste.

On le sait, la course de 90 kilomètres est à couvrir en moins de six heures pour les candidats à l'emploi de vélocipédiste dans les états-majors et dans la cavalerie; elle est de 48 kilomètres à couvrir en moins de quatre heures pour ceux qui peuvent être employés dans les autres corps ou services.

Les candidats qui n'ont pas obtenu ce dernier résultat sont éliminés.

Dans le premier cas, la vitesse à l'heure est de 15 kilomètres pendant six heures; dans le second, de 12 kilomètres pendant quatre heures.

Il ne faut pas croire que, malgré la « forme » anodine que nécessite une telle épreuve, l'entraînement préalable est à dédaigner. En revanche, il serait abusif d'envisager l'entraînement auquel doit se livrer le coureur professionnel, le coureur de vitesse, par exemple, avec la forme duquel on n'a aucun rapport.

Lorsqu'on veut se former pour 10,000 ou 15,000 mètres, on prend une progression qui est généralement la suivante :

Pendant les quatre ou cinq premiers jours, on se livre à des emballages n'excédant pas 300 mètres et durant lesquels on donne toute sa force ; trois fois par semaine, on fait 3 à 4 kilomètres en bon train et en terminant chaque épreuve par l'emballage des 200 derniers mètres. Au bout de quinze jours, on se repose un jour et l'on recommence en accélérant un peu le train de cette première quinzaine.

Pour l'entraînement d'un trajet sur route n'excédant pas 100 kilomètres et que l'on devra parcourir à une vitesse n'excédant pas 12 à 15 kilomètres à l'heure, cet entraînement sera tout différent, et voici comment on procèdera :

1° D'abord ne pas boire d'alcool ; on ne fumera pas ;

2° Huit jours avant l'examen, faire, la première fois, 20 kilomètres à une allure naturelle, c'est-à-dire ne pas se laisser aller à la tentation d'une vitesse qui provoquerait un effort. Pendant les deux jours suivants, le matin de préférence, accomplir la même distance en moins de deux heures. Le troisième jour, parcourir 20 kilomètres en accélérant l'allure sur les derniers 500 mètres.

Les deux jours suivants, essayer, en pratiquant toujours de cette manière, à réaliser la course en moins de temps qu'on n'en avait mis précédemment.

Le sixième jour, se reposer et, le soir, accomplir ce qu'on appelle une « promenade ».

Le lendemain, faire 40 à 50 kilomètres en réalisant les vitesses exigées à l'heure par le règlement.

Enfin, la veille de la course, se reposer, et, le jour de

l'examen, si l'on a procédé d'après cette progression rudimentaire, on arrivera à accomplir sans fatigue la course exigée pour l'admission.

Il va sans dire que les vélocipédistes qui « montent » constamment peuvent varier les prescriptions de cet entraînement; mais, dans tous les cas, l'avant-veille, une épreuve sur 40 kilomètres, faite en allure accélérée, sera très utile pour pouvoir réaliser la vitesse exigée.

BIBLIOGRAPHIE

On pourrait dire que la littérature et la presse marchent de pair avec la vulgarisation du vélocipède, entraînées vers le progrès par la rapide cavalerie d'acier qu'on appelle une bicyclette.

Jusqu'à ces dernières années, il n'y avait que peu d'ouvrages sur la vélocipédie; mais depuis la course de Bordeaux et la course de Brest, la curiosité du public, spontanément éveillée, cherche dans la vélocipédie un aliment nouveau, et cette nécessité commence à tenter bien des auteurs.

Bien qu'avant lui MM. Pagis, Mousset, Lesclide, Maurice Martin de Baroncelli et bien d'autres aient écrit sur le vélocipède, M. Pierre Giffard, — le Jean-Sans-Terre bien connu des lecteurs du *Petit Journal*, — a, le premier imprimé ce mouvement progressiste en publiant une curieuse plaquette : *la Reine bicyclette*, véritable lettre patente de la vélocipédie.

L'année dernière, ce fut au tour de M. Baudry de Saunier, un fin lettré qui sait se servir du document en véritable artiste. Il a reconstitué l'*Histoire générale de la vélocipédie* et prépare en ce moment un livre superbe sur le cyclisme théorique et pratique.

Le monde savant lui-même s'est préoccupé de la question, et, à côté d'ouvrages techniques spéciaux des ingénieurs, les médecins, eux aussi, ont publié des travaux très intéressants : tels à Bordeaux le docteur Tissié et à Paris le docteur Jennings.

Quant à la presse, elle est largement représentée par

des organes prospères; plus prospères même que les journaux politiques connus. Citons :

La Revue des Sports (17e année), dirigée par un des sportmens les plus estimés, M. René de Kynff. La partie vélocipédique est rédigée par M. Mousset, dont la connaissance approfondie des choses du sport vélocipédique est légendaire.

Le Véloce-Sport, à Bordeaux, fondé en 1885, et qui, en huit années à peine, est devenu un organe international d'une grande portée.

Le Cycle, auquel M. Baudry de Saunier donna une note franchement littéraire, qui fit de ce journal l'un des premiers du sport spécial.

L'Echo des sports de Paris, qui est rédigé par un homme fort habile, M. Roquebert, l'un des plus fidèles écrivains frondeurs de la vélocipédie.

La Revue du sport vélocipédique à Rouen, fondée en 1882, dirigée par M. Gébert, un vaillant et un des plus chauds défenseurs du cyclisme.

Le Vélocipède illustré, le premier journal paru. Il date de 1869. Il a comme rédacteur en chef une femme, dont l'activité et souvent l'esprit suppléent aux qualités d'une plume mâle.

Le Bulletin officiel de l'Union vélocipédique de France, organe de notre première institution vélocipédique.

L'Industrie vélocipédique, où le monde sportif, velocemen et constructeurs, trouvent l'étude technique instructive.

Le Touring-Club de France, revue mensuelle de la société qui porte ce nom et qui est adressée à tous ses membres.

La France vélocipédique à Lyon, dirigée par M. Greppo, qui a fait de ce journal un vériable album de la vélocipédie.

Les Sports athlétiques, le journal de nos jeunes et robustes étudiants.

L'Education physique, organe de la Ligue fameuse et que créa l'homme qui s'est le plus dévoué à une idée, M. Paschal Grousset.

En province, il y a encore de nombreuses feuilles vélocipédiques, utiles pour leur région et qui sont comme autant de pionniers du sport vélocipédique.

Enfin, la presse quotidienne elle-même a maintenant ses rédacteurs spéciaux. *Le Petit Journal, le Gaulois, l'Intransigent, le XIX*[e] *siècle, la France militaire, le Rappel, la Paix, le Petit Parisien,* notamment, publient presque quotidiennement des articles sur la vélocipédie.

Parmi les livres publiés sur la vélocipédie, nous citerons les premiers ceux si utiles du baron de Baroncelli dont nous avons si souvent eu l'occasion de parler dans notre traité. Ces ouvrages représentent un travail de titan et sont devenus aujourd'hui les compagnons indispensables aux touristes.

Le Guide des environs de Paris, détaillé dans un rayon de 140 kilomètres, avec l'itinéraire abrégé de la France, indiquant les voies vélocipédiques les plus directes pour se rendre de Paris à tous les chefs-lieux de département et d'arrondissement, etc.

Le Guide routier du Veloceman en France et en Europe, indicateur des distances, avec annotations contenant la nomenclature générale des routes qui relient tous les chefs-lieux de département et d'arrondissement de la France, des voies les plus directes conduisant de Paris aux capitales de l'Europe et des routes de communication entre les capitales.

La Vélocipédie pratique, conseils aux velocemen sur la manière de voyager à véloce, le choix des cartes, du bagage, du costume, la marche de route, etc.

Le Guide vélocipédique de la forêt et des environs de ntainebleau.

Citons enfin, en terminant cette courte notice bibliographique :

La Santé par le tricycle, par le docteur Jennings.

L'Hygiène du vélocipédiste, par le docteur Tissié.

Le Guide Jacquot, un beau volume qui donne la physionomie exacte des Pyrénées.

TABLE DES MATIÈRES

Pages.

Paris et Limoges. — Impr. milit. Henri CHARLES-LAVAUZELLE.

INDEX

DES

Ouvrages nécessaires aux Vélocipédistes militaires.

Tous ces ouvrages sont en vente à la librairie militaire Henri CHARLES-LAVAUZELLE, 11, place Saint-André-des-Arts, PARIS.

Décret du 26 octobre 1883 portant règlement sur le service des armées en campagne (18e édition, annotée et mise à jour jusqu'en juin 1891). — Volume in-32 de 308 pages, cartonné. 1 »
Relié toile.. 1 50

Aide-mémoire de l'officier d'état-major en campagne (3e édition mise à jour jusqu'au 1er mai 1890 par le service de l'état-major général de l'armée). — Volume in-18 de 412 pages, relié toile anglaise.. 5 »

Graphiques de marche. — Papier quadrillé bleu à 1mm, format 30 sur 40 centimètres, avec traits renforcés dans les deux sens pour indiquer les heures et les distances. — La feuille.. » 08

Rapport de reconnaissance, modèle A; conforme au modèle donné à l'instruction pratique sur le service en campagne; no 72, infanterie, et no 70, cavalerie. — Le cent................ 2 »

Enveloppes pour lesdits rapports. — Le cent................ 2 »

Rapport journalier (manœuvres de brigades avec cadres, 12 février 1879). — Le cent................................ 6 »

Carnet des manœuvres, solidement relié, avec poche, deux coulisseaux avec crayons rouge et bleu, fermant avec caoutchouc soie, contenant un bloc de 100 rapports de reconnaissance et 25 enveloppes à leur usage........................ 5 »

Bloc de 100 rapports de reconnaissance, modèle A, pour remplacement dans le carnet ci-dessus. (*Le dos est préparé pour le collage. Il suffit de l'humecter et de l'appliquer.*)......... 2 50

Papier bleu à décalquer indéfiniment, permettant de reproduire simultanément plusieurs copies du même travail. (*Pour obtenir ce résultat, il suffit d'intercaler une feuille de ce papier entre deux feuillets blancs, écrire sur le premier de ces deux feuillets, et l'on obtient une copie: deux feuilles bleues intercalées fournissent deux copies, trois feuilles intercalées en donnent trois, plus l'original.*) — La feuille (format 0,16 × 0.21)........ » 08

Sifflet Baduel à un ton :

Modèle nickelé.........................	1 »	*franco*	1 20
— avec cordon réglementaire.	1 25	*franco*	1 50
Le même avec boussole et chaînette...........	2 50	*franco*	2 75

Sifflet Baduel à deux tons :

Modèle nickelé.........................	1 35	*franco*	1 55
— avec cordon réglementaire.	1 60	*franco*	1 85
Le même avec boussole et chaînette...........	2 80	*franco*	3 »

Petit dictionnaire pratique français-allemand à l'usage du soldat français. — Vol. in-18 de 150 p., couverture parcheminée. 1 »
Relié... 1 25

Guide militaire franco-allemand, à l'usage de l'armée, des écoles militaires, des collèges et des sociétés de gymnastique, par Emile Lebert. — Vol. in-32 de 134 p., relié toile........ 1 50

Petit guide français-allemand, à l'usage du soldat. — Fascicule in-32 de 20 pages, couverture parcheminée.............. » 20

Manuel français-allemand sur les reconnaissances, d'après le programme ministériel du 30 septembre 1874, avec la prononciation figurée, par Jules Papillon, officier d'académie, professeur de la Société polytechnique militaire, membre correspondant de l'académie de l'Aude. — Vol. in-32 de 144 p., relié toile.. 1 50

Manuel français-italien sur les reconnaissances, d'après le programme ministériel du 30 septembre 1874, par Jules Papillon, officier d'académie, membre fondateur de la Société polytechnique militaire. — Vol. in-32 de 200 pages, relié toile...... 1 50

Manuel français-anglais sur les reconnaissances, d'après le programme ministériel du 30 septembre 1874, par Jules Papillon, membre fondateur de la Société polytechnique militaire. — Volume in-32 de 108 pages, relié toile.................. 1 50

Manuel français-espagnol sur les reconnaissances, d'après le programme ministériel du 30 septembre 1874, par A. Tamisey, vice-président de la Société polytechnique militaire, et Jules Papillon, membre fondateur de la même Société. — Volume in-32 de 92 pages, relié toile......................... 1 50

Poche à cartes en taffetas transparent et imperméable. — Modèle de la maison H. Charles-Lavauzelle (à faces quadrillées). 1 50

L'une des faces est divisée en centimètres et en demi-centimètres, l'autre en carrés renforcés ayant 0,0125 de côté et chacun de ces côtés en quatre parties égales; cette disposition permet de calculer les distances sans le secours du compas ni d'aucun autre instrument sur une carte d'échelle quelconque, depuis le 1/1,000 jusqu'au 1/1,000,000, y compris par conséquent les échelles les plus usuelles de 1/20,000, 1/40,000, 1/80,000, 1/320,000, 1/50,000, 1/100,000, 1/500,000.

Modèle de l'Ecole de guerre (à faces non quadrillées).... 1 50

Notions sommaires sur l'étude et la lecture des cartes topographiques, par le commandant A. H., avec nombreuses planches et figures (2e édition). — Brochure in-18 de 48 pages..... » 75

Ecole théorique et pratique d'orientation militaire, à l'usage des troupes de toutes armes, par le colonel A. de Vaucresson. — Brochure in-32 de 36 pages........................ » 25

Topographie. — Cours préparatoire du ministère de la guerre, avec figures dans le texte, tableaux et cartes. — Volume in-18 de 182 pages, cartonné........................ 2 »

Topographie (*Cours de Saint-Maixent*), d'après le programme d'enseignement approuvé par décision ministérielle du 3 mars 1888, par Emile Espérandieu, professeur à l'Ecole militaire d'infanterie, avec 294 figures intercalées dans le texte, tableaux et cartes. — Volume in-18 de 330 pages, broché....... 5 »

Cours de topographie, à l'usage des officiers et sous-officiers de toutes armes (armée active, réserve, armée territoriale), ouvrage rédigé conformément aux programmes officiels, par A. Laplaiche, ancien professeur de l'Université (5e édition). — 2 volumes in-32, brochés........................ 1 »

Reliés toile anglaise........................ 1 50

Notions élémentaires de topographie pratique, à vue et sans instruments, par Romuald Brunet. 60 figures intercalées dans le texte. — Volume in-32 de 64 pages, broché......... » 5

Relié toile........................ » 7

Géologie et topographie, étude des renseignements fournis à la géologie et de leur application à la topographie, par Ernest Delaporte, secrétaire adjoint de la Société nationale de Topographie, professeur à l'Association polytechnique. — Volume in-32 de 56 pages, broché........................ » 50

Relié toile anglaise........................ » 75

De sa définition même, il résulte que la topographie est la base et l'élément primordial de toute opération militaire. Or, si cette science est un instrument de guerre de premier ordre, il est nécessaire, indispensable, de la perfectionner au suprême degré, de façon à en tirer tout ce qu'elle peut donner. Quelques notions de géologie ne peuvent qu'aider à ce perfectionnement. Ces deux sciences, d'ailleurs, sont si intimement liées, qu'elles n'en forment pour ainsi dire qu'une seule, et qu'il est impossible d'étudier avec fruit la seconde si l'on ne possède pas au moins quelques connaissances élémentaires en géologie.

La Topographie automatique, par Paul Peigné, colonel d'artillerie, ancien professeur de topographie à l'Ecole spéciale militaire de Saint-Cyr. — Volume in-12, broché................ 1 25

Topographie et géodésie (*cours de Saint-Cyr*), par P. Messard, capitaine du génie hors cadre, professeur de topographie à l'École spéciale militaire de Saint-Cyr de 1877 à 1880. — Volume in-8o de 400 pages, broché........................ 7 50

Guide pratique de l'enseignement topographique dans les corps de troupe au point de vue de la guerre, par Gaston de Gerault de Langalerie, lieutenant-colonel du 144e d'infanterie, officier breveté de l'ancien corps d'état-major. Ouvrage illustré de 50 figures dans le texte. — Volume in-16, relié toile anglaise. 2 50

Carton-planche à dessin pour servir aux levés topographiques 1 25
franco 2 10

Alidade (double décimètre) triangulaire, l'une .... » 50

Boussole déclinatoire :
De 0m,07 de côté, l'une 1 25
De 0m,07 de côté, à suspension.......................... 1 60
Avec boulon pour carton planche......................... 2 »

Boussole forme-montre, cuivre et melchior :
De 30mm... 1 »
Avec arrêt de 35mm...................................... 1 55
— — chape-agate, de 40mm................................ 2 50

Boussole du colonel Peigné .... 25 »

Loupe en melchior de 45mm, avec manche..................... 1 »

Crayons de couleur :
Mine **bleue**, qualité supérieure H. C.-L.............. » 25
— **rouge**, — — .... » 25
— **bistre**, — — .... » 25
— **verte**, — — .... » 25

Curvimètre breveté s. g. d. g. — Instrument de poche destiné à mesurer les lignes droites, courbes ou brisées sur les plans et cartes géographiques, indispensable aux officiers, ingénieurs, architectes et géomètres.
Avec étui, manche en bois 1 50
— — en os 1 80

Il consiste en une petite roue dentée qui circule sur un pas de vis et permet de suivre toutes les courbes ou sinuosités.

Curvimètre à cadran, avec étui, servant à mesurer instantanément et sans report à l'échelle les distances sur les cartes géographiques et les plans quelles que soient leurs échelles........ 7 50

A l'usage de MM. les Officiers, Ingénieurs, Architectes, Conducteurs des Ponts et Chaussées, Géomètres, Agents Voyers, Entrepreneurs de travaux publics, Excursionnistes, Administrations accordant à leurs inspecteurs des indemnités kilométriques, etc.

De tous les instruments servant à la mesure des distances sur les plans et cartes géographiques, ce curvimètre, grâce à son mécanisme établi avec le plus grand soin, à sa roulette d'un très petit diamètre et à son manche indispensable aux mouvements de la main, est le seul qui donne aussi rapidement et avec une aussi grande précision les distances cherchées.

N. B. On fait, sur demande, des cadrans avec divisions spéciales pour les cartes d'état-major de tous les pays.

Compte-pas à petite trotteuse 3 aiguilles. — 100,000 pas.
Boite métal blanc, cadran émail........... 13 » *franco* 14 »

Ce modèle mesure les distances parcourues en marchant, à un pas ou à un mètre près.

Compte-pas à grande trotteuse 3 aiguilles. — 25,000 pas.
Boite métal blanc, cadran émail........... 16 » *franco* 17 »

Ce nouveau modèle de précision mesure à un pas ou à un mètre près les distances parcourues en marchant.

Le même, mise à 0 automatique des trois aiguilles.
Boîte métal blanc, cadran émail........................ 30 »

Le même appareil, muni d'un curvimètre et d'une petite boussole, instrument d'une très grande précision.
Boîte métal blanc, cadran émail........................ 36 50

Podomètre, 16 lignes, boîte métal nickelé, mouvement cuivre à deux aiguilles, cadran émail, marche garantie.............. 16 »

Histoire générale de la vélocipédie, par L. Baudry de Saunier, contenant plus de 150 gravures, estampes anciennes, caricatures anglaises et françaises sur la vélocipédie, dessins spéciaux des machines employées depuis trois siècles. Préface de Jean Richepin.
Volume in-18 de 324 pages.............................. 3 50

Aide-mémoire du vélocipédiste militaire aux manœuvres et en campagne, par un membre de l'Union vélocipédiste de France.
Brochure in-18.. 1 »

Instruction pratique des vélocipédistes militaires, par Houssement, lieutenant instructeur à l'Ecole normale militaire de gymnastique et d'escrime. Gravures dans le texte. — Volume in-18 .... 2 »

PUBLICATIONS DIVERSES

DE LA LIBRAIRIE MILITAIRE

Henri CHARLES-LAVAUZELLE

11, place Saint-André-des-Arts, à PARIS

COURS DE GÉOGRAPHIE, ATLAS

Géographie. — Cours préparatoire du ministère de la guerre, avec 14 cartes. — Volume in-18 de 174 pages................ 3 »

Cours complet de géographie, rédigé conformément au nouveau programme d'admission à l'Ecole spéciale militaire de Saint-Cyr, par J. Molard, capitaine d'infanterie breveté, professeur adjoint de géographie à l'Ecole spéciale militaire.

Première partie. — **Europe.** Un volume de texte in-8o de 336 pages, cartonné et un album in-4o contenant 50 croquis. Prix du volume et de l'album........................ 7 »

Deuxième partie. — **France.** Un volume de texte de 400 pages, cartonné, et un album in-4o contenant 46 croquis gravés et tirés en quatre couleurs. Prix du volume et de l'album.. 12 50

Troisième partie. — **Colonies françaises, Asie, Afrique, Amérique et Océanie.** Un volume de texte et album contenant 18 croquis gravés et tirés en couleurs. Prix du volume et de l'album.. 5 50

Géographie militaire du bassin du Rhin, par le commandant Pichat. Ouvrage accompagné d'une grande carte du bassin du Rhin et de dix plans de forteresse tirés à part. — Volume in-8o de 308 pages, broché........................ 6 »

Géographie physique, historique et militaire de la région française (France, Hollande, Belgique, Suisse, frontière occidentale de l'Allemagne), par E. Bureau, lieutenant-colonel, ancien professeur de géographie militaire à l'Ecole de Saint-Cyr. — Volume in-16 de 1,000 pages, relié toile anglaise........ 7 50

Petite géographie de la France à l'usage des écoles et des familles, avec cartes. — Brochure in-4o de 64 pages............ 1 25

Dictionnaire des communes de la France, de l'Algérie et des autres colonies françaises, précédé de tableaux synoptiques, par Gindre de Mancy. — Volume in-18 de 784 pages, richement relié toile anglaise.............................. 5 »

Voies et moyens de communication en France, en Algérie et en Tunisie. Routes; voies navigables; paquebots; chemins de fer; bureaux ambulants; lignes télégraphiques, par Roger BARBAUD, inspecteur des postes et des télégraphes, payeur principal du 18e corps d'armée, licencié en droit. — 2 volumes in-32, brochés .... 1 »
Reliés toile anglaise 1 50

Les grandes voies commerciales du Tonkin, par le capitaine DEVREZ, de l'état-major des troupes de l'Indo-Chine. Ouvrage accompagné d'une carte des grandes voies de pénétration de la presqu'île indo-chinoise. — Brochure in-18 de 56 pages. 1 »
Franco 1 20

Atlas de géographie militaire, adopté par M. le Ministre de la guerre pour l'Ecole spéciale militaire de Saint-Cyr. Nouvelle édition entièrement refondue, contenant 42 cartes imprimées en plusieurs couleurs, et publiée sous la direction des professeurs de l'Ecole militaire de Saint-Cyr. — Cartonné..... 42 »
Relié toile rouge, biseaux, titre or........ 45 »

1. France géologique.
2. — physique.
3. — météorologique.
4. — agricole.
5. — forestière.
6. — Industrielle et commerciale.
7. — Formation du territoire.
8. — historique.
9. — administrative.
10. — Communications rapides.
11. — militaire.
12. — Camp retranché de Paris.
13. — Carte des places fortes du Nord et de l'Est.
14. — Frontière du Nord-Est.
15. — — du Sud-Est.
16. — — des Pyrénées.
17. — (Région du Nord-Ouest.)
18. — Algérie et Tunisie.
19. — Colonies françaises.
20. Europe physique.
21. — politique.
22. — centrale (d'ensemble).
23. — (partie occidentale).
24. — (partie centrale).
25. — (partie orientale).
26. Iles Britanniques.
27. Suisse.
28. Italie (carte d'ensemble).
29. Alpes et Pô.
30. Péninsule ibérique.
31. Russie et pays scandinaves.
32. Hongrie et Turquie.
33. Grèce et Caucase.
34. Planisphère.
35. Asie.
36. Afrique.
37. Amérique septentrionale.
38. Etats-Unis (partie orientale).
39. — (partie occidentale).
40. Amérique méridionale.
41. Océanie.
42. Les expéditions (Crimée, Cochinchine, Mexique et Tonkin).

La carte géologique se vend séparément 2 francs. — Les autres cartes, 1 francs.

Atlas de géographie générale avec notes statistiques, historiques et géographiques, par le colonel NIOX, professeur à l'Ecole supérieure de guerre. — 35 cartes avec notices. rel. toile. 58 »

Atlas de géographie physique, politique et historique à l'usage des écoles par le colonel NIOX, professeur à l'Ecole supérieure de guerre, et Eugène DARSY, professeur d'histoire au lycée Louis-le-Grand. — 80 cartes in-4°, reliure toile........ 12 »

Grand atlas de géographie physique et politique, par E. LEVASSEUR, membre de l'Institut, professeur au collège de France et au Conservatoire des Arts et Métiers. Cet atlas comprend 58 planches dont 56 simples du format 0m,45 sur 0m,65 et 2 doubles de 0m,65 sur 0m,90. — Prix de l'atlas complet, relié toile. 68 »

Le Monde moins la France (*Atlas de géographie moderne*), par G. PAULY et R. HAUSSERMANN, contenant 42 cartes en chromolithographie, 7 couleurs ; le texte est en regard de chacune des cartes. — Volume in-4°, cartonné.................... 2 10

La France et ses colonies (*Atlas de géographie moderne*), par G. PAULY et R. HAUSSERMANN (**nouvelle édition**), contenant 67 cartes en chromolithographie. — Volume in-4°, **cartonné.** 3 15

Atlas universel de géographie moderne, par G. PAULY et R. HAUSSERMANN, contenant 120 cartes en chromolithographie, 7 couleurs. — Volume in-4°, cartonné.... .... 6 »

Les atlas de MM. Pauly et Haussermann sont adoptés par la ville de Paris et inscrits sur les listes départementales. Ils sont déposés dans toutes les bibliothèques pédagogiques de France.

Algérie et Tunisie. Géographie physique, historique, administrative, agricole, industrielle et commerciale, par E. CAT, docteur ès lettres, professeur de géographie d'Afrique à l'Ecole des lettres d'Alger. — Atlas in-4°, cartonné................ 2 »

Cet atlas se divise en cinq parties : Afrique française, Alger, Oran, Constantine, Tunisie.

Chaque partie se vend séparément, brochée........... » 30

Cartonnée .... » 40

RELATIONS DE VOYAGES

Le Tonkin français contemporain, études, observations, impressions et souvenirs, par le docteur Edmond COURTOIS, médecin-major de l'armée, ex-médecin en chef de l'ambulance de Kep. Ouvrage accompagné de trois cartes en chromolithographie.

Volume grand in-8° de 412 pages..................... 7 50

Dix mois à Hanoï, étude de mœurs tonkinoises, par Hector PIÉTRALBA.

Brochure in-18 de 72 pages.......................... 1 50

D'Haïphong à Toulon. — Souvenirs de voyage, par Hector PIÉTRALBA.

Brochure in-18 de 104 pages......................... 2 »

Algérie et Tunisie, esquisse géographique, par A. LAPLAICHE, membre et lauréat de plusieurs sociétés savantes, ancien professeur de l'Université.

Brochure in-18 de 106 pages......................... 2 »

Notes sur la religion musulmane en Algérie.

Brochure in-8° de 24 pages.......................... » 60

Très intéressante, cette monographie de la religion musulmane dans laquelle l'auteur a condensé l'histoire de l'islamisme, ses dogmes, ses croyances, son culte.

Le Catalogue général de la Librairie militaire est envoyé gratuitement à toute personne qui en fait la demande.

FABRIQUE DE VÉLOCIPÈDES
PREMIÈRE MARQUE FRANÇAISE
Maison
FONDÉE
EN
1869
1878
1889
"MILITAIRE"
ONFRAY
"MERVEILLEUSE"
CONSTRUCTEUR
USINE MODÈLE
FABRICATION SUPÉRIEURE
PRIX RÉDUITS
1, Rue Darboy
·PARIS·
"PARISIENNE"
"DERBY"
MODÈLES NOUVEAUX
CAOUTCHOUCS CREUX
ET PNEUMATIQUES
Conditions spéciales pour Sociétés vélocipédiques et Acheteurs en Gros
REPRÉSENTATION OFFERTE A NÉGOCIANTS SÉRIEUX
Demander le Catalogue

www.ingramcontent.com/pod-product-compliance
Ingram Content Group UK Ltd.
Pitfield, Milton Keynes, MK11 3LW, UK
UKHW012034240726
13965UKWH00002B/781